改訂新版

障がいのある子の就学・進学ガイドブック

School guidebook For children with special educational needs

渡部昭男
Watanabe Akio

日本標準

＊本書掲載の法令やＵＲＬ等の情報はすべて二〇二二年二月二五日現在のものです。

＊ＱＲコードは株式会社デンソーウェーブの登録商標です。

本書の活用法

(1)　本書はどの章から読み進めても理解できるようになっています。子どもさんの状況に応じて、つぎのように読み進めてはいかがでしょうか。

●これから入学を控えた障がい児の保護者・関係者

プロローグ ― 1 ― 2 ― 3 ― 4 ― 5 ― エピローグ

●すでに就学している障がい児の保護者・関係者

3 ― 4 ― 5 ― エピローグ ― プロローグ ― 1 ― 2

＊本書では、法令用語・専門用語や引用文を除いて、「障害」ではなく「障がい」と表記しています。

(2)　本書にはどんどん書き込みをしてください。就学事務をおこなう職員に負けない最低限の基礎知識を盛り込んでいます。少しむずかしくても法令などにも目を通しましょう。大切なところには傍線をつけました（条文中の傍線はすべて引用者による）。法令を知ることで、子どもと保護者の権利および教育行政の責任と義務がはっきりしてきます。何人かでグループを組んで読みあうのも工夫のひとつです。

(3)　一読した後も、本書を事典のように何度も引きましょう。そのために、巻末に索引をつけました。また重要な文献や情報は、当該のウェブサイトにアクセスしやすいように☞印で示してQRコードを掲載しています。

(4)　子どもさんを取り巻く状況はそれぞれに異なります。第1章末の「就学を吟味するポイントノート」（56頁）を希望の大きさに拡大複写して、そこにたんねんにメモを取り、子どもさん一人ひとりの「ノート」をつくりましょう。

障がいのある子の就学・進学年間スケジュール

11	10	9	8	7	6	5	月
←就学時の健康診断→ ◁必要な場合 教育支援委員会	学齢簿の作成		※教育委員会によって就修学相談の時期が早まることもある。				教育委員会の動き
5歳児健診（相談）・支援連携会議の活用 相談や学校見学を経験しておく）							就学前児の動き
意見表明・同意等の適正手続きのプロセス	居住地校への働きかけ・就学への要望等	転居等に留意	就修学相談などを活用して情報を収集する				就学予定児の動き
関する諸機関との具体的な連携づくり 進学時の就修学相談は就学予定児に準ずる）							既就学児の動き

就学の事務手続きについて知りたければ　▶第１章（21頁）
就学先を選ぶポイントについて知りたければ　▶第２章（57頁）
複数の目で育む「豊かな連携」づくりについて知りたければ　▶第３章（75頁）

4	3	2	1	12

市町村から県等への認定特別支援学校就学者の通知

就学通知

※事情により就学通知が遅れることもある。

早期からの情報の収集や
（就学予定児の保護者とともに就修学

市町村段階の判断等の確認

体験入学など

就学通知が届くまでに合意形成をおこなう

◁不服の場合

行政不服審査
行政事件訴訟

入学後についての相談など

入学式

居住地校交流・専門的指導・合理的配慮などに
（在籍先や認定就学・個別の支援計画などの見直し、

特別支援教育の活用法について知りたければ　▶第４章（101頁）
ともに学び育ちあう教育について知りたければ　▶第５章（137頁）
思春期・青年期の進学について知りたければ　▶エピローグ（173頁）

改訂新版　障がいのある子の就学・進学ガイドブック　もくじ

プロローグ

サクラ咲いたら一年生

サクラ咲いたら一年生

サクラさいたら　いちねんせい
ひとりで　いけるかな
となりにすわる子　いい子かな
ともだちに　なれるかな

（「ドキドキドン！　一年生」伊藤アキラ 作詩）

きょうは、春の入学を前にした年長組さんの、小学校への「体験入学」の日です。私も、保育所の園児にまじって、一緒に出かけました。ワクワクした胸の内が、学校への道すがらの大合唱となりました。

年長児さんへのインタビューです。

私「小学校って、何するところ？」

「おべんきょう!!」

私「どんな、お勉強するの？」

「えーとね、えーと。……『こくご』でよむとか……」

私「ふーん。ほかには？」

「えっとー。ほかには、『一たす一は』とか……」

私「うん。お勉強って、なーに？」

「おべんきょう？　えーとねー、うーんとね……？　さぁ、わかんない」

私「お遊びとは、ちがうの？」

「ちがう!!」

なんだかよくわかっていないようなのですが、「お遊び」とは違う「お勉強」というものに対する大きな、おおきな憧れがあります。親と一緒に小学校の参観日に出かけて、お兄さんやお姉さんのようすを見たことがあるのでしょうか。学校への期待、机に座っての国語や算数などの学習への期待は相当なものです。

ところが、障がいのある子にとって、六歳の春は、暖かな陽ざしにつつまれた季節とは限りません。早くも訪れた人生の「わかれ道」でもあるからです。

インクルージョン思潮の「広がり」

一九七五年、全盲の少女が埼玉県浦和市の公立小学校に入学しました。ＮＨＫなどテレビで大きく報道されましたし、『友だち百人できるかな』（篠崎恵昭、ＮＨＫブックス、一九七八年）という図書にもなっていますので、ご存じの方もあるかと思います。障がい児が一般の小・中学校などで学ぶ統合教育は、それ以前にもなかったわけではありませんが、この少女の挑戦を通して少しずつ知られるようになりました。

その後、障がい者の「完全参加と平等」をテーマとした国際障害者年（一九八一年）および「国連・障害者の十年」（一九八三～九二年）をきっかけに、日本でもノーマライゼーション（常態化）やインテグレーション（統合化）の思潮が広がり、障がい児（者）を必要以上に分離するのではなく、可能な限り一般社会のなかに受け入れていくという気運が高まりました。

そして今日、特別ニーズ教育に関する世界会議（ユネスコ・スペイン共催）の発したサラマンカ宣言（一九九四年）や国連が採択した障害者権利条約（二〇〇六年）を受けて、障がいや特別ニーズのある子（者）に必要な特別支援や合理的配慮をおこないつつ、地域社会で包み込んでいくというインクルージョン思潮が広がっています。

その後、中央教育審議会が「共生社会の形成に向けたインクルーシブ教育システム構築のための特別支援教育の推進（報告）」（二〇一二年／インクルーシブ教育報告）を出し、「共生社会の形成に向けて、障害者の権利に関する条約に基づくインクルーシブ教育システムの理念が重要であり、その構築のため、特別支援教育を着実に進めていく必要があると考える」とされました。

しかし、インクルージョン思潮の広がりや、インクルーシブ教育への方針転換が、ただちに適切な支援や実践の進展を意味しているわけではないことに留意する必要があります。

「特別」ではない当たり前の支援教育へ

二〇〇七年度から、特別支援教育の新法制がスタートしました（第4章）。しかし、特別支援教育はまだ発展途上にあり、けっして完璧という状況にはありません。また、ＬＤ（学習障害）・ＡＤＨＤ（注意欠陥・多動性障害）・高機能自閉症などに対象を拡大したものの、あくまでも障がいのある子に限定してしまっています。

本書は、『障がいのある子の就学・進学ガイドブック』というタイトルにしていますが、「障がい」にとどまらず、学習の遅れ、不登校・ひきこもり、いじめ被害、外国ルーツの子どもなど、「特別ニーズ」のある子の支援にもふれています。
なお、「特別」という日本語は「特別な日」「特別な想い出」などのようにポジティブな響きがあり、差別的な「特殊」という言葉よりはまだよいといえます。しかし、以前はオプションによる特別装備であった自動車のエアバッグが、安全機能を高めるためにいまでは通常装備になっているように、限定した「特別サービス」ではなく、必要なすべての子に提供される通常サービスとしての「支援教育」にしていく課題を残しています。「特別」ではない当たり前の、通常装備としての支援教育の時代になれば、「特別《スペシャル》ニーズ」は個性的な個々人の「固有《スペシフィック》ニーズ」として扱われるようになるでしょう。

「この子らを世の光に」

ところで、「NHKスペシャル『ラストメッセージ』」（全六集、二〇〇六年一一月〜〇七年三月放映）は、「こどもたちへ　漫画家・手塚治虫」「核なき世界を　湯川秀樹」「夢　果てしなく　冒険家　植村直己」などに続いて、最終回では「この子らを世の光に」と題して、糸賀一雄氏らを採りあげました。

国中が食うや食わずの窮状にあった昭和二一年に設立された、日本初の公的施設「近江学園」。当時のフィルムには、寝食を共にし生き生きと暮らす障害児と職員たちの姿が記録されている。それはまさに「福祉」の原点である。／近江学園を設立した糸賀一雄（一九一四〜六八）は、「障害者と健常者が区別なく暮らせる社会を」と訴え続け、成人のための施設、女性のための施設、重度障害児の施設と、社会からこぼれ落ちていた弱き者との暮らしを拡充していった。そして講演中、「この子らを世の光に」と語った直後、心臓発作によって志半ばで逝く。（後略）

（NHKウェブサイトの番組紹介より ☞ QRコード ⬇二〇頁）

NHKの番組紹介では、このように述べ、「『共に生きる社会』への萌芽」として着目しています。福祉分野では誰もが知る「この子らを世の光に」の糸賀思想を、より広く、二一世紀の日本においても誰もがともに生きる「共生社会」を築いていくうえで重要なメッセージであると評価したのです。

人格発達の権利

「この子らを世の光に」は、障がいのある子らの「人格発達の権利」を高らかに宣言し、その徹底した保障を提唱したものでもあります。

この子らはどんなに重い障害をもっていても、だれととりかえることもできない個性的な自己実現をしているものなのである。人間とうまれて、その人なりの人間となっていくのである。その自己実現こそが創造であり、生産である。私たちのねがいは、重症な障害をもったこの子たちも、立派な生産者であるということを、認めあえる社会をつくろうということである。「この子らに世の光を」あててやろうというあわれみの政策を求めているのではなく、この子らが自ら輝く素材そのものであるから、いよいよみがきをかけて輝かそうというのである。「この子らを世の光に」である。この子らが、うまれながらにしてもっている人格発達の権利を徹底的に保障せねばならぬということなのである。

（糸賀一雄「発達保障の考え方」『福祉の思想』日本放送出版協会、一九六八年、一七七頁。傍点引用者）

私は京都大学の学部・大学院時代（一九七三～八二年）を通じて、田中昌人先生（糸賀氏の亡くなった二年後に近江学園研究部から京都大学教育学部に着任、一九三二～二〇〇五年）・田中杉恵先生（近江学園から大津市民健康センター発達相談員を経て滋賀大学教授、一九三〇～二〇〇六年）ご夫妻に、ご指導をいただきました。初めて「この子らを世の光に」の言葉に出会ったとき、「に」「を」の入れ替えによる「哀れみから権利思想への転換」に驚嘆したことを、いまでも鮮明に覚えています。

そして大学院修了後には、糸賀氏の生まれ故郷である鳥取の地で教鞭をとることになり、いまにいたっています。「不思議なみちびき」を感じずにはいられません。

「この子」ら

ところで、みなさんは「この子らを世の光に」を、どのように声に出して読みますか。

私は、「この子ら」を障がいのある子ら＝社会的弱者ととらえ、大学の講義でも「弱者にやさしい共生社会を創ろう」というイメージで解説してきました。しかし、それはまだ浅い理解でした。

二〇〇二～〇五年度の四年間、私は鳥取大学附属養護学校（〇七年度より特別支援学校に改称）の校長を併任しました。児童生徒がわずかに六〇人という小さな学校です。一人ひとりの顔と名前が一致し、その個性がしだいにわかるようになってきたある日、大学の講義の準備で『福祉の思想』を読み直していると、引用した箇所の少し手前の頁にカッコつきで、わざわざ「この子」と書いているのに気づいたのです。

そして何を学んだかといえば、……ひとりひとりかけがえのない生命をもっている存在であって、この子の生命はほんとうに大切なものだということであった。「人間」という抽象的な概念でなく、「この子」という生きた生命、個性のあるこの子の生きる姿のなかに共感や共鳴を感ずるようになるのである。

（糸賀、前掲書、一七五頁）

糸賀氏の真のメッセージは、「この子ら」ではなく、「『この子』ら」だったのです。長らく私は、「障がい児」「社会的弱者」という抽象名詞や集合名詞でとらえていましたが、違うのです。園長であった糸賀氏は、学園のAさん・Bちゃんといった固有の姓名をもつ個々の子どもをリアルにイメージしながら発信していたのです。

それ以降、私は、「この子、らを、世の光に」と発音するように気をつけています。そして、本書では、まさに一人ひとりの個性的な「子ども」らの「人格発達の権利の保障」をめざしていきます。

縁あって神戸大学に異動（二〇一一年）したのち、同大学附属特別支援学校でも校長経験（二〇一六～一八年度）をもちましたが、「この子」らが個性的でかけがえのない存在であることを深く感ずる三年間でした（編著『糸賀一雄研究の新展開　ひとと生まれて人間となる』三学出版、二〇二一年。同書特設ウェブサイト ☞ＱＲコード⬇二〇頁）。

権利保障ガイドブックとして

就学とは、就職が職に就《つ》くことを意味するように、入学から卒業（退学）までの間、学校教育に就くことをいいます。本書では、障がいのある子どもたちの就学の問題、入学・進級・進学の問題を、子どもの権利保障の観点から論ずるなかで、特別支援教育を含む障がい児の教育的支援のあり方について考えていきたいと思います。日本では今日、障がいのある子どもたちが義務教育の九年間はもちろんのこと、高等部（高校）教育を含めて一二年間の学校教育を当然の権利として受ける時代となり、さらには大学などに進学する機会や生涯学習の保障も広がっています。そして、個々に必要な支援をともなったうえでの多様な人々の包摂＝インクルージョンが大きく進展し、誰もがともに学び育ちあう学校や社会になっていくことが期待されます。こうした展望に立って、現行の学校教育をどのように活用すればよいのか、またどのように改革することができるのか、障がいのある子の入学・進級・進学にかかわる権利保障ガイドブックとして本書をご活用いただければ幸いです。

なお、少しむずかしいかもしれませんが、最小限必要な法令類を掲げておきました。障がいのある子の就学のことで、教育委員会の職員や学校の管理職と折衝することがあると思います。そのときのためにも、保護者自身がきちんと学習して、賢くなっておくことが大切なのです。

§参考情報　法令は改正されることがあるので、電子政府のなかにある「法令検索」や独立行政法人・国立特別支援教育総合研究所の「インクルーシブ教育システム構築支援データベース（インクルＤＢ）」の最新データを参照してください。なお、本書で「保護者」とは「子に対して親権を行う者（親権を行う者のないときは、未成年後見人）をいう」（学校教育法第十六条）に準じて用いています。

NHKスペシャル
「ラストメッセージ 第6集
この子らを世の光に」の
番組紹介

『糸賀一雄研究の新展開』
特設サイト

e-Gov 法令検索

国立特別支援教育総合研究所
インクルーシブ教育システム
構築支援データベース
（インクルDB）

①

知っておきたい「就学の事務手続き」

障がいのある子どもたちが大きくなり、社会参加していくうえで、「学校」という教育機関は、人生の一通過機関にすぎません。しかし、子どもたちの成長・発達を保障するうえでは非常に重要な機関です。「就学」は、就学前に取り組んできたことの延長・継続であるとともに、義務教育を含む学校教育への入口でもあります。ところで、障がいのない子の場合はあまり意識しませんが、障がい児の場合は「入学おめでとう」を迎えるまでに大切な、それでいて実に複雑な手続きがあります。

1　学齢簿が作成されるまで

左頁の表1「就学に関する事務手続き」を見てください。就学事務は、まず、「①学齢簿の作成」から始まります。市（特別区を含む。以下同じ）町村教育委員会は、一〇月一日現在の住民基本台帳にもとづいて、一〇月三一日までに、就学予定児の学齢簿をあらかじめ作成しなければなりません（学校教育法施行令第二条）。

わずか数行の説明のなかに、重要なポイントが三点もあります。

まず、第一は、「就学予定児」です。幼稚園や保育所、認定こども園の年長組にいる間に六歳の誕生日を迎えますので、「満六歳になった翌学年に就学する」ことは誰もが知っています。では四月一日生まれの場合はどうなるのでしょう。

表1　就学に関する事務手続き

①学齢簿の作成（学校教育法施行令第2条）	10月末日までに
学齢簿の作成の基準日 （学校教育法施行規則第31条）	10月1日
②就学時の健康診断（学校保健安全法施行令第1条）	11月（ないし12月） 末日までに
③市町村教委から都道府県教委への認定特別支援学校就学者の通知（学校教育法施行令第11条）	12月末日までに
④市町村教委から保護者への小・中学校等の就学通知（学校教育法施行令第5条）	1月末日までに
④都道府県教委から保護者への特別支援学校の就学通知（学校教育法施行令第14条）	

学校教育法　第十七条（※傍線引用者）

①　保護者は、子の満六歳に達した日の翌日以後における最初の学年の初めから、満十二歳に達した日の属する学年の終わりまで、これを小学校、義務教育学校の前期課程又は特別支援学校の小学部に就学させる義務を負う。（以下略）

この規定をみると、四月一日生まれの場合は、「満六歳に達した日の翌日以後」となっていますから、四月一日から始まる新学年に間にあわないように錯覚します。しかし、結論からいうと、四月一日生まれまでが同学年の「就学予定児」となります。たとえば西暦二〇二〇年度の「就学予定児」とは、二〇一三年四月二日から一四年四月一日までに生まれた子どもをさしているのです。私たちは、誕生日ごとに歳を重ねていく計算をしますが、「年齢計算ニ関スル法律」（一九〇二〔明治三五〕年）によって出生の日から起算することになり、法律上は誕生日の前日（の終了時［午後一二時］／この方式によって閏《うるう》年問題もクリア）に満年齢を更新する数え方をするからです（誕生日は「満〇歳と一日」となる）。したがって、四月一日生まれの子どもは、三月三一日に満六歳を迎えた計算となり、四月一日から始まる学年度に間にあうわけです。

一月一日から四月一日生まれを「早生まれ」、四月二日から一二月三一日生まれを「遅生まれ」といいます。余談になりますが、産休明けから保育所を利用したとすると、わずか一日の相違なのですが、四月二日生まれの子どもは四月一日生まれの子どもより一年長く保育を受けることになります。そして定年時には、四月二日生まれの者は定年年齢の誕生日からさらに一年勤めてから退職を迎えます。

第二に、「一〇月一日」（学校教育法施行規則第三十一条）です。この日以降に転居などがあった場合にはすみやかに届けることが必要です。市役所や町村役場に転居届（転出・転入）を出せば、教育委員会にも通知されることになっていますが（学校教育法施行令第四条）、念のために新旧の教育委員会にも連絡をしておくとよいでしょう。なお、同一の市町村内の転居であっても、校区が変更になることがありますので注意が必要です。

第三に、「住民基本台帳」です。公立校の場合、居住地（住所）によって学校が決められています。住所とは生活の本拠地をさし、架空の住所（空《から》寄《き》留《りゅう》）などによる越境入学は、違法通学とみなされます。居住地によって学校が決まっているということは、居住地の子どもたちが同一の学校で学びあうという積極的な側面をもちます。同時に、転居や一部の自治体で導入された「通学区域制度の弾力的運用」（いわゆる学校選択制）以外には基本的に学校を自由に選べないということです。ただし、国立・私立校を選択することができるほか、公立校に関しても相当な理由があるときは、保護者の申し立てを受けて就学校の指定変更や区域外就学を認

図1　学齢簿

学齢簿

No.

作成拠点
作成年月日

児童生徒	フリガナ			生年月日
	氏名		男 女	年　月　日
	住所			
保護者	フリガナ			保護者と児童・生徒との続柄
	氏名			
	住所			

就学校名		指定校名	
入学年月日		学齢簿作成理由	
転退学年月日		備考	
卒業(見込)年月日			

指定外就学事由		期間	
区外者就学事由		期間	
就学督促年月日		原級留置年月日	

めることがあります（学校教育法施行令第八・九条）。その際の「相当な理由」とは、地理的な理由や児童生徒の身体的な理由、いじめにより心身の安全が脅かされるような深刻な悩みをもっているような場合をさします。公立校の通学区域や指定校変更・区域外就学の手続きについては各自治体や教育委員会のホームページで確認できます。

学齢簿は、就学時から義務教育が終了するまで、上図のような項目で整備され、保管されます。そして、学齢簿の保存期間については法令上の定めがなく、当該市町村の文書処理規程等に従うことになります。なお、指導要録の入学・卒業等の学籍に関する記録は二〇年間、指導の記録は五年間保存しなければならないとされています（文部科学省「指導要録について」）。

学校教育法施行規則　第三十条（※傍線引用者）

学校教育法施行令第一条第一項の学齢簿に記載（同条第三項の規定により磁気ディスクをもつて調製する学齢簿にあつては、記録。以下同じ。）をすべき事項は、次の各号に掲げる区分に応じ、当該各号に掲げる事項とする。

一　学齢児童又は学齢生徒に関する事項　氏名、現住所、生年月日及び性別

二　保護者に関する事項　氏名、現住所及び保護者と学齢児童又は学齢生徒との関係

三　就学する学校に関する事項

イ　当該市町村の設置する小学校、中学校（併設型中学校を除く。）又は義務教育学校に就学する者について、当該学校の名称並びに当該学校に係る入学、転学及び卒業の年月日

ロ　学校教育法施行令第九条に定める手続により当該市町村の設置する小学校、中学校（併設型中学校を除く。）又は義務教育学校以外の小学校、中学校、義務教育学校又は中等教育学校に就学する者について、当該学校及びその設置者の名称並びに当該学校に係る入学、転学、退学及び卒業の年月日

ハ　特別支援学校の小学部又は中学部に就学する者について、当該学校及び部並びに当該学校の設置者の名称並びに当該部に係る入学、転学、退学及び卒業の年月日

四　就学の督促等に関する事項　学校教育法施行令第二十条又は第二十一条の規定に基づき就学状況が良好でない者等について、校長から通知を受けたとき、又は就学義務の履行を督促したときは、その旨及び通知を受け、又は督促した年月日

五　就学義務の猶予又は免除に関する事項　学校教育法第十八条の規定により保護者が就学させる義務を猶予

就学と国籍

「教育を受ける権利」を規定した日本国憲法第二十六条第一項の主語が「すべて国民は」となっていることから、義務教育を受ける権利の保障も日本国籍を有する者を対象としています。日本国籍を有していれば、どのように障がいが重かろうと、憲法によって「教育を受ける権利」が保障されています。では、障がいのある子どもが重国籍または外国籍の場合はどうなるのでしょうか。

両親のいずれかが外国籍の子女の場合、国籍を選択するまで（二〇歳まで）の間は外国籍と日本国籍との重国籍ということになりますが、重国籍であっても日本国籍を有することに変わりはないので、その保護者は「就学させる義務」を有し、子どもは一般の就学予定児と同じように就学事務を経ることとなります（一九八四年国籍法改正）。

外国人の場合も、一九六五年（翌六六年発効）の「日本国に居住する大韓民国国民の法的地位及び待遇に関する日本国と大韓民国との間の協定」（日韓地位協定）で、まず大韓民国を含む在日朝鮮人への同等の扱いが認められ、国際人権規約（A規約第十三条）や子どもの権利条約（第二十八条）の日本での発効（一九七九年・一九九四年）にともなって、そのほかの外国人に関しても、義務教育諸学校への就学の希望があれば就学を認めることになっています。

文部科学省は、「憲法に定める教育を受ける権利を保障する観点から、教育委員会においては、住民票や戸籍の有無にかかわらず、すべての学齢の児童生徒の義務教育諸学校への就学の機会を確保することが極めて重要です」としています。最寄りの教育委員会にご相談ください。

§参考情報　法務省「国籍Q＆A」。文部科学省「外国人の子等の就学に関する手続について」「戸籍や住民票がない場合の就学手続について」（就学事務Q＆A）。

又は免除された者について、猶予の年月日、事由及び期間又は免除の年月日及び事由並びに猶予又は免除された者のうち復学した者については、その年月日

六　その他必要な事項　市町村の教育委員会が学齢児童又は学齢生徒の就学に関し必要と認める事項

2　学校教育法施行令第二条に規定する者について作成する学齢簿に記載をすべき事項については、前項第一号、第二号及び第六号の規定を準用する。

2　就学時の健康診断を受ける

就学時の健康診断とは

つぎに、学齢簿にもとづいて、一一月三〇日（就学手続きの実施に支障がない場合は一二月三一日）までに（学校保健安全法施行令第一条）、就学予定児に対する「就学時の健康診断」（以下「就学時健診」と略す。就学児健診ではない）がおこなわれます。一〇月前後に健診の通知書（はがきないし封書）が届きます。

学校保健安全法　第十一条（※傍線引用者）

市（特別区を含む。以下同じ。）町村の教育委員会は、学校教育法第十七条第一項の規定により翌学年の初めから同項に規定する学校に就学させるべき者で、当該市町村の区域内に住所を有する者の就学に当たつて、その健康診断を行わなければならない。

学校保健安全法施行令　第三条（※傍線引用者）

市（特別区を含む。以下同じ。）町村の教育委員会は、就学時の健康診断を行うに当たつて、あらかじめ、その日時、場所及び実施の要領等を法第十一条に規定する者の学校教育法（昭和二十二年法律第二十六号）第十六条に規定する保護者（以下「保護者」という。）に通知しなければならない。

学校保健安全法　第十二条（※傍線引用者）

市町村の教育委員会は、前条の健康診断の結果に基づき、治療を勧告し、保健上必要な助言を行い、及び学校教育法第十七条第一項に規定する義務の猶予若しくは免除又は特別支援学校への就学に関し指導を行う等適切な措置をとらなければならない。

就学時健診は公立の各小学校を会場に実施されることが多いのですが、その実施義務は学校長ではなく市町村の教育委員会にあります。肝心なことは、保護者側の受診義務の規定はなく、通知を受けて受診するかどうかは基本的に保護者の判断にゆだねられているということです。

就学時健診には、積極的な面と否定的な面の二つの面があります。

戦前からの歴史的な流れをみると、「健康診断」は「身体検査」と呼ばれていました。身体が強健でなければ学校に入れない、入学を許可しないという側面が強かったと思います。そのため、就学時健診で障がい児をみつけて、過去には不就学（就学義務の猶予《ゆうよ》・免除）措置にすることや、障害の種類や程度に応じて機械的に就学先を判別するということがありました。そのため、就学時健診に不安を抱いている保護者も少なくありません。

就学時健診をプラスに生かす

しかし、就学時健診には積極的な面もあるのです。

第一には、やはり「健康診断」としての側面です。乳幼児期の母子保健に続く学童期の学校保健は、子どもの健やかな成長・発達の力になってこそ、本来の姿です。健診の項目はつぎのとおりです。

学校保健安全法施行令　第二条（※傍線引用者）

就学時の健康診断における検査の項目は、次のとおりとする。

一　栄養状態

二　脊《せき》柱及び胸郭の疾病及び異常の有無

三　視力及び聴力

四　眼の疾病及び異常の有無

五　耳鼻咽《いん》頭疾患及び皮膚疾患の有無

六　歯及び口腔《くう》の疾病及び異常の有無

七　その他の疾病及び異常の有無

図2　就学時健康診断票

第１号様式（用紙　日本産業規格A4縦型）（第4条関係）

就学時健康診断票

健康診断年月日	

就学予定者	氏名		性別		保護者	氏名	
	生年月日	年　月　日生	年齢	男　女		現住所	
	現住所					就学予定者との関係	

主な既往症	
予防接種	インフルエンザ菌b型（Ｈｉｂ）　小児肺炎球菌　B型肝炎 ジフテリア・百日せき・破傷風・ポリオ　ＢＣＧ 麻しん・風しん（第１期　第２期）　水痘　日本脳炎

栄養状態	栄養不良		耳鼻咽《いん》頭疾患				
	肥満傾向						
脊《せき》柱		（　）	皮膚疾患				
胸郭		（　）	歯	齲《う》歯数	乳歯	処置	
視力	右					未処置	
	左				永久歯	処置	
聴力	右					未処置	
	左			その他の歯の疾病及び異常			
眼の疾病及び異常			口腔《くう》の疾病及び異常				

その他の疾病及び異常		
担当医師所見		
担当歯科医師所見		
事後措置	治療勧告	
	就学に関し保健上必要な助言	
	その他	
備考		

教育委員会名

出典　文部科学省「就学時健康診断票（第１号様式）」をもとに作成　☞QRコード ➔ 32頁

「七　その他の疾病及び異常の有無」として、保護者の承諾のないままに知能検査が実施されることは改められるべき点ですが、健康診断として活用しうる検査項目も少なくありません。健診の結果は、治療の勧告や保健指導の言葉を添えて、郵送などによって保護者に通知されるのが一般的です。どのような事後措置が予定されているかは、「項目別事後措置一覧」（三四頁、表2）をご覧ください。なお、健康診断後において、学校病の病名（う歯［むし歯］・トラコーマ・結膜炎・白癬・疥癬・膿痂疹［とびひ］・中耳炎・慢性副鼻腔炎・アデノイド・寄生虫病［虫卵保有を含む］）で治療の指示を受け、別途に就学援助の認定を受けた後に教育委員会が発行する医療券を持参のうえで治療にあたるときは、医療費が補助されます（就学援助の認定や補助額、申請方法は市町村によって異なるので、窓口で尋ねるかウェブ検索してみること）。

§参考情報　文部科学省「健康診断マニュアル」には、健康診断の方法および技術的基準、健康診断票の様式例の情報があるとともに、「健康診断Q＆A」において必須項目以外の健康診断をおこなう場合は「義務付けでないことを明示し、保護者等に周知したうえ、理解と同意を得て実施する必要」があると回答しています。文部科学省「就学時健康診断票（第1号様式）」☞掲載ウェブサイト

§参考文献　財団法人・日本学校保健会の刊行する『就学時の健康診断マニュアル（平成二九年度改訂）』には、就学時健診の流れ、項目ごとの方法および技術的基準、面接実施要領、事後措置、結果の活用などが示されています。

居住地校との協力関係づくり

第二は、教育委員会や居住地校に対して、障がいのあるわが子のことをよく知ってもらい、就学に関する保護者の意向をきちんと伝える数少ない機会であるということです。障がいの発見と対応の時期が早くなっ

ている今日、就学時健診で初めて障がいに気づくということは少なくなりました。発想を転換すれば、わが子の「障がい」を隠すのではなく、逆に「障がい」の実態や就学前の取り組みの成果を教育委員会や居住地校の関係者によく伝えることが重要といえます。

とりわけ、就学時健診が居住地校を会場にしておこなわれることから、居住地校の関係者と面談する「公式な機会」であるわけです。障がいのある子どもさんに兄や姉がいる場合には、兄姉の就学で居住地校との関係はすでにできているわけですが、初めての子どもさんの場合、この「公式な機会」を活用しない手はありません。居住地校への就学希望をおもちでしたら、つぎに述べる教育支援委員会での総合的判断にさきだって、居住地校との話しあいを深め、事前に理解を得て入学の内諾を得ておくことは大切です。また、特別支援学校への就学希望であっても、「交流及び共同学習」の実施、放課後や夏休みなど長期休業中の居住地での交遊関係づくりなどのために、居住地校との協力関係を築く必要があるのです。

ところで、市町村によって、障がい児については就学前に通っている通園施設や保育所などで就学時健診を代替実施してしまうところもありますが、これは居住地校との関係づくりのチャンスを奪っているとみることもできるでしょう。また、日常的に専門医や家庭医とのかかわりを深めているご家庭の場合、「いまさら集団健診なんて」と思われるかもしれません。そのようなときには、一斉の就学時健診とは別途に、居住地校との個別の面談日を設けていただくことをおすすめします。

表2　項目別事後措置一覧

予防接種	予防接種が行われていない場合には、実施するよう勧める。
栄養状態	軽度の肥満ややせなど、早期対応が必ずしも必要でないものや長期の保健指導などによる事後措置が適切なものについては、入学後に行うこととし、極端な肥満ややせについて、医療機関の受診を勧告する。 また、貧血を疑い、かつ眼球結膜や口腔粘膜の色調が蒼白であると判断した場合は、極度の貧血をひきおこす基礎疾患がある可能性が高いので、早急に医療機関を受診するよう勧告する。この場合、後日の文書による通知では、対応に遅れが生じるので、その場で保護者に対して医療機関の受診を勧告する。
脊柱及び胸郭の疾病及び異常（四肢の状態を含む）	疾患や異常がみられる場合には、医療機関の受診を勧告する。 歩容異常が著明な場合、O脚、X脚5cm以上の場合には、整形外科の受診勧告を行う。
内科的疾患	疾患や異常がみられる場合には医療機関の受診を勧告する。心雑音・不整脈については、心臓専門医の受診勧告を行う。慢性疾患で経過観察中のものについては、保護者が、管理指導の内容を学校に報告するよう促す。
視力	視力B（0.7～0.9）、視力C（0.3～0.6）、D（0.3未満）の者は、全て眼科の受診を勧告する。眼科受診の結果、学校教育法第七十五条の政令で定める視覚障害者の可能性がある場合には、教育相談や就学支援を担当する部局と相談し適切に対応を行う。
眼の疾病及び異常	疾病や異常が疑われる場合には、医療機関の受診を勧告する。特に斜視や不同視等があり、弱視が疑われる場合には、理由を付して、早急に医療機関を受診するよう勧告する。
聴力	就学時健康診断票の聴力の欄に〇印があり、難聴の疑いがある場合には、教育相談や就学支援を担当する部局と相談し適切に対応を行う。
音声言語	「ハシャミ（ハサミ）」や「ジョウ（ゾウ）」などの幼児語は、小学校入学前後に解消されることが多いが、「ハタミ」や「ドウ」などのように「サ行」の「タ行」への置換や側音化構音などの歪みは、早期治療が大切であるので、専門機関への受診勧告を行う。
耳鼻咽頭疾患	疾患や異常が疑われる場合には、医療機関の受診を勧告する。 音声言語検査の結果、異常が疑われる場合には、医療機関の受診を勧告し、専門機関への受診勧告を行う。
皮膚疾患	学校生活上注意を要する感染性皮膚疾患については、就学前に治療をする必要があり、医療機関を受診するよう勧告する。
歯及び口腔の疾患及び異常	未処置のう歯や異常が疑われる場合やう触多発傾向者など、歯科医が必要と認めた者については、歯科医療機関の受診を勧告する。
その他の疾患の異常及び有無	（知的障害・発達障害等の疑いのある場合） 知的障害・発達障害等の疑いがある場合には、教育相談や就学支援を担当する部局と相談し適切に対応を行う。

※児童虐待が疑われる場合には、速やかに、児童相談所等の関係機関に通告する。
出典　公益財団法人 日本学校保健会『就学時の健康診断マニュアル 平成29年度改訂』41頁をもとに作成

3　教育支援委員会での意見聴取・総合的判断と教育委員会による最終決定

就学時健診ののち、その結果を受けて就学先についてくわしい検討が必要だと教育委員会側が判断した場合には、「教育支援委員会」という名称の教育委員会の諮問《しもん》機関での意見聴取および総合的判断があります。前身の「就学指導委員会」は、一九七八年の「教育上特別な取扱いを要する児童・生徒の教育措置について」（文初特第三〇九号通達）によって必置（必ず置く）とされましたが、二〇〇〇年度より施行された地方分権一括法にともなって通達が失効し、代わって学校教育法施行令第十八条の二（二〇〇二年改正時）に位置づけ直されました。

そしてさらに、中央教育審議会の報告（二〇一二年）「共生社会の形成に向けたインクルーシブ教育システム構築のための特別支援教育の推進」において、『就学指導委員会』については、早期からの教育相談・支援や就学先決定時のみならず、その後の一貫した支援についても助言をおこなうという観点から、『教育支援委員会』（仮称）といった名称とすることが適当である」とされたのです。その際に、「障害のある児童生徒の就学先決定について（手続きの流れ）改正イメージ」（三六頁、図3）が参考資料として提示されました。現在は、この「改正イメージ」で各市町村教育委員会は仕組みをつくってきていますので、この流れ図にそくして説明をします。

§参考情報　「障害のある児童生徒の就学先決定について（手続きの流れ）改正イメージ」

☞掲載ウェブサイト

図3　障害のある児童生徒の就学先決定について（手続きの流れ）改正イメージ

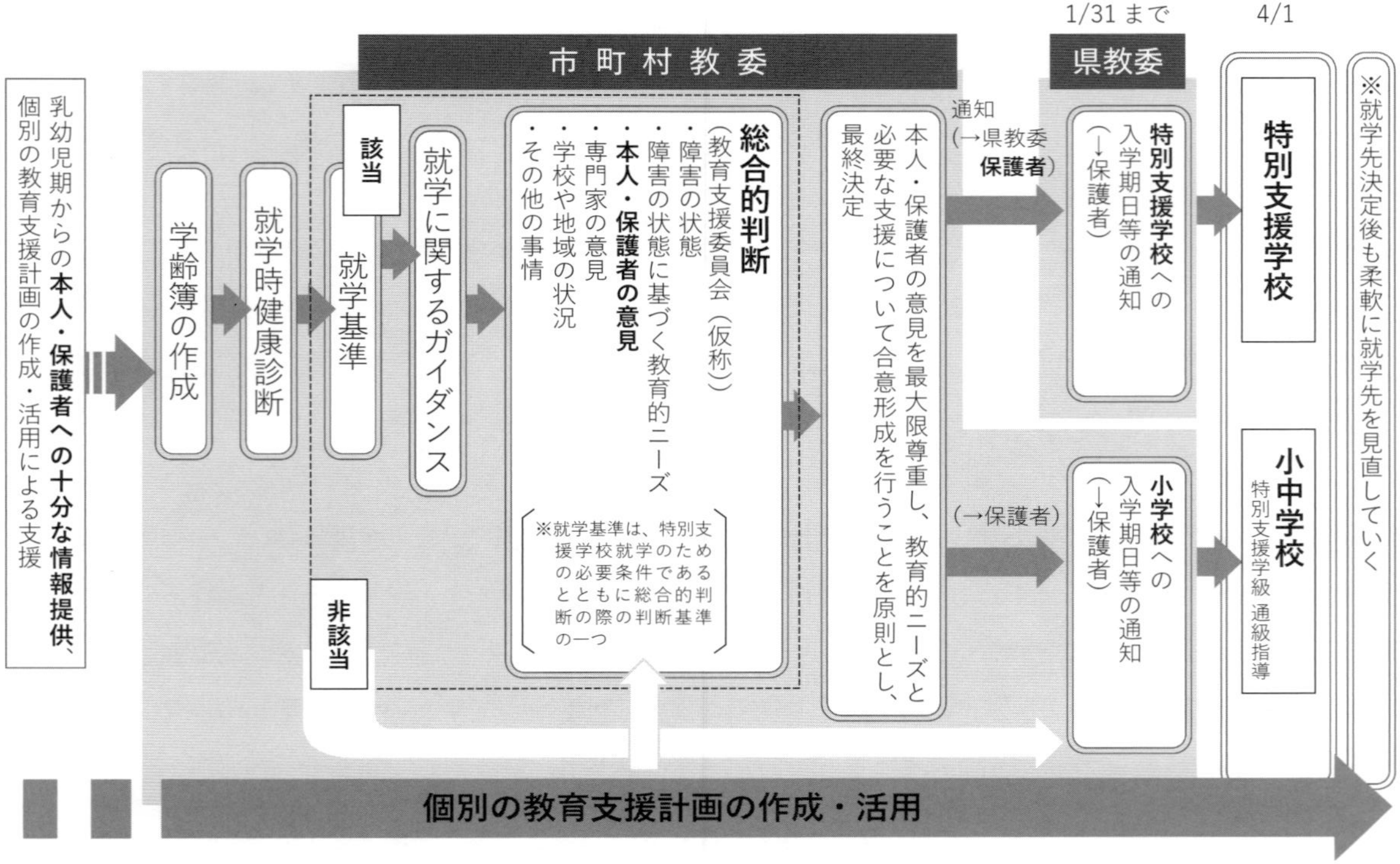

出典　中央教育審議会「共生社会の形成に向けたインクルーシブ教育システム構築のための特別支援教育の推進（報告）」をもとに作成

右の流れ図の最上部にある黒地に白抜き文字「市町村教委」のところの一連の流れ（破線囲み部分）の根拠となっている学校教育法施行令第十八条の二は、中央教育審議会のインクルーシブ教育報告を受けて改正され（二〇一三［平成二三］年八月二六日付の政令第二四四号）、現在は次のような条文になっています。

学校教育法施行令（※傍線引用者）

第三節の二　保護者及び視覚障害者等の就学に関する専門的知識を有する者の意見聴取

第十八条の二　市町村の教育委員会は、児童生徒等のうち視覚障害者等について、第五条（第六条（第二号を除く。）において準用する場合を含む。）又は第十一条第一項（第十一条の二、第十一条の三、第十二条第二項及び第十二条の二第二項において準用する場合を含む。）の通知をしようとするときは、その保護者及び教育学、医学、心理学その他の障害のある児童生徒等の就学に関する専門的知識を有する者の意見を聴くものとする。

視覚障害者等の「就学基準」について知ろう

特別支援学校の対象となる者の「区分と障害の程度」は、学校教育法施行令第二十二条の三に定められています。「区分」は、「視覚障害者」「聴覚障害者」「知的障害者」「肢体不自由者」「病弱者（身体虚弱者を含む）」の五つです（以前には「盲者」「聾者」「精神薄弱者」という呼称が用いられていた）。そして、おのおのその「程度」は次頁の表に掲げるとおりです。

学校教育法施行令

第二章　視覚障害者等の障害の程度

第二十二条の三　法第七十五条の政令で定める視覚障害者、聴覚障害者、知的障害者、肢体不自由者又は病弱者の障害の程度は、次の表に掲げるとおりとする。

区分	障害の程度
視覚障害者	両眼の視力がおおむね〇・三未満のもの又は視力以外の視機能障害が高度のもののうち、拡大鏡等の使用によつても通常の文字、図形等の視覚による認識が不可能又は著しく困難な程度のもの
聴覚障害者	両耳の聴力レベルがおおむね六〇デシベル以上のもののうち、補聴器等の使用によつても通常の話声を解することが不可能又は著しく困難な程度のもの
知的障害者	一　知的発達の遅滞があり、他人との意思疎通が困難で日常生活を営むのに頻繁に援助を必要とする程度のもの 二　知的発達の遅滞の程度が前号に掲げる程度に達しないもののうち、社会生活への適応が著しく困難なもの
肢体不自由者	一　肢体不自由の状態が補装具の使用によつても歩行、筆記等日常生活における基本的な動作が不可能又は困難な程度のもの 二　肢体不自由の状態が前号に掲げる程度に達しないもののうち、常時の医学的観察指導を必要とする程度のもの
病弱者	一　慢性の呼吸器疾患、腎臓疾患及び神経疾患、悪性新生物その他の疾患の状態が継続して医療又は生活規制を必要とする程度のもの 二　身体虚弱の状態が継続して生活規制を必要とする程度のもの

備考　一　視力の測定は、万国式試視力表によるものとし、屈折異常があるものについては、矯正視力によつて測定する。
二　聴力の測定は、日本産業規格によるオージオメータによる。

流れ図では、学校教育法施行令第二十二条の三の「就学基準」に「該当」した者のみが、教育支援委員会へのルートに進むように読めますが、「非該当」の者も小学校等の通常学級（後述の通級指導を含む）か、特別支援学級かという「在籍学級」を決める必要があり、教育支援委員会へのルートに上がっていきます。

すなわち、特別支援学校の対象を定めた学校教育法施行令第二十二条の三を補う形で、小・中学校の特別支援学級および通常学級に学びながら受ける通級による指導（通級指導）の対象について、通知が出されています。二〇〇二（平成一四）年五月二七日付の文部科学省初等中等教育局長通知「障害のある児童生徒の就学について」（一四文科初第二九一号通知）と、二〇〇六（平成一八）年三月三一日付の文部科学省初等中等教育局長通知「通級による指導の対象とすることが適当な自閉症者、情緒障害者、学習障害者又は注意欠陥多動性障害者に該当する児童生徒について」（一七文科初第一一七八号通知）が先にあり、学校教育法施行令の改正に伴って出された二〇一三（平成二五）年一〇月四日付の文部科学省初等中等教育局長通知「障害のある児童生徒等に対する早期からの一貫した支援について」（二五文科初第七五六号通知）がそれらを引き継いでいます。見やすく一覧にしたものが、四〇～四一頁の図4「文部科学省による就学基準等」です。

(5) 病弱者及び身体虚弱者

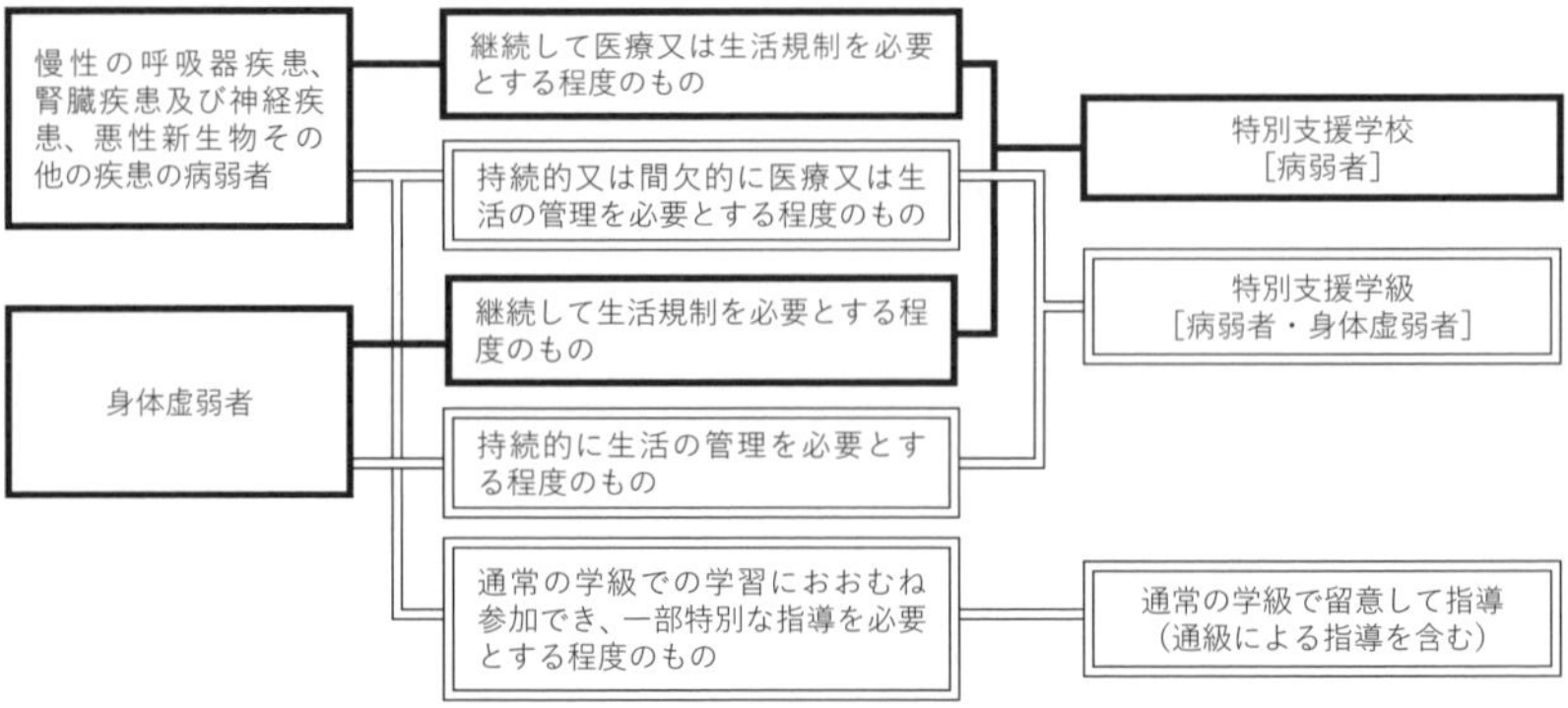

(6) 言語障害者

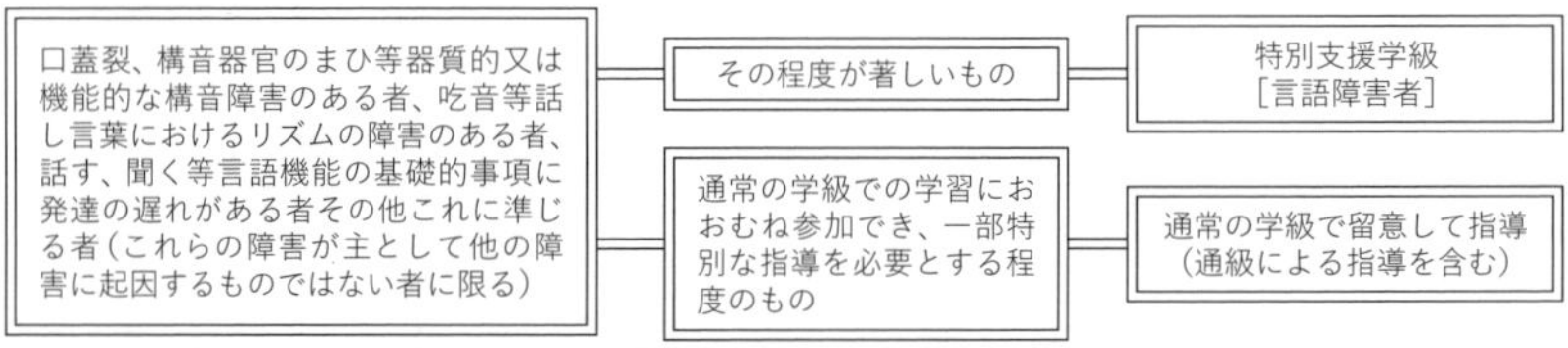

(7) 自閉症者

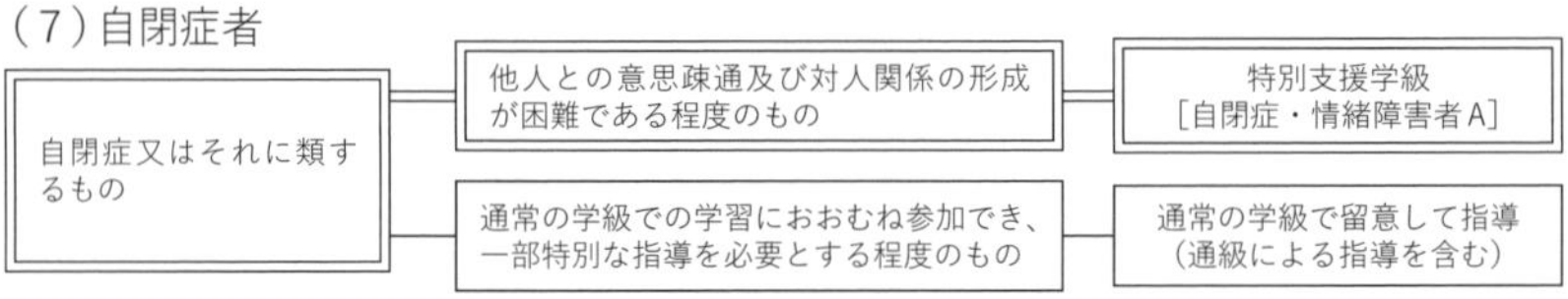

(8) 情緒障害者

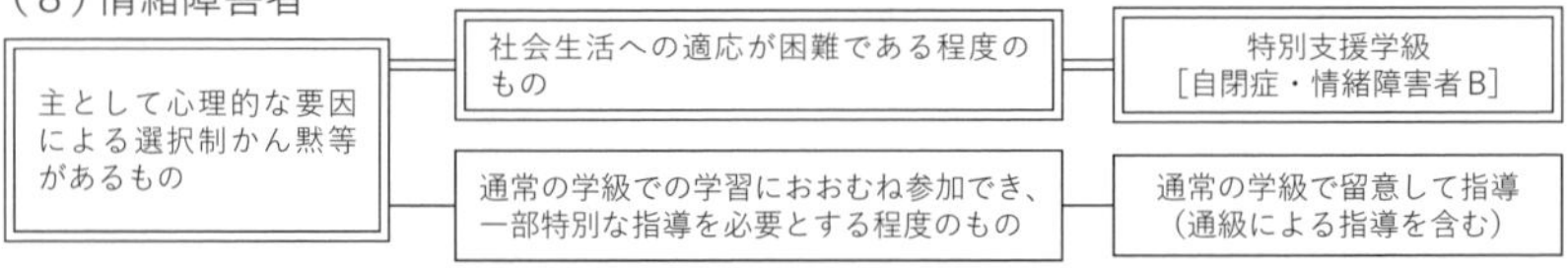

(9) 学習障害者

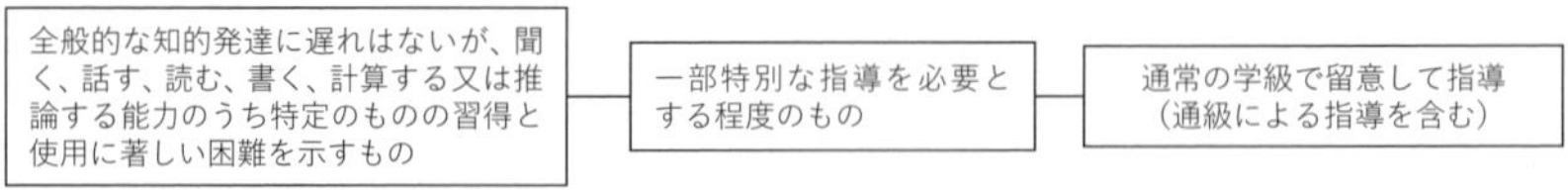

(10) 注意欠陥多動性障害者

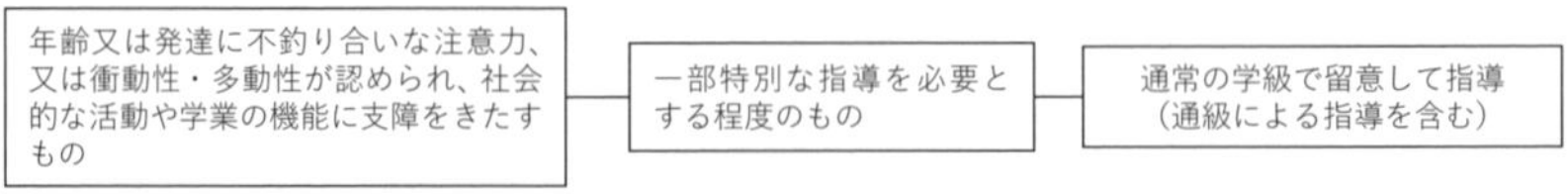

(学校教育法施行令第22条の3及び25文科初第756号通知をもとに著者作成)

図4　文部科学省による就学基準等

(1)視覚障害者及び弱視者

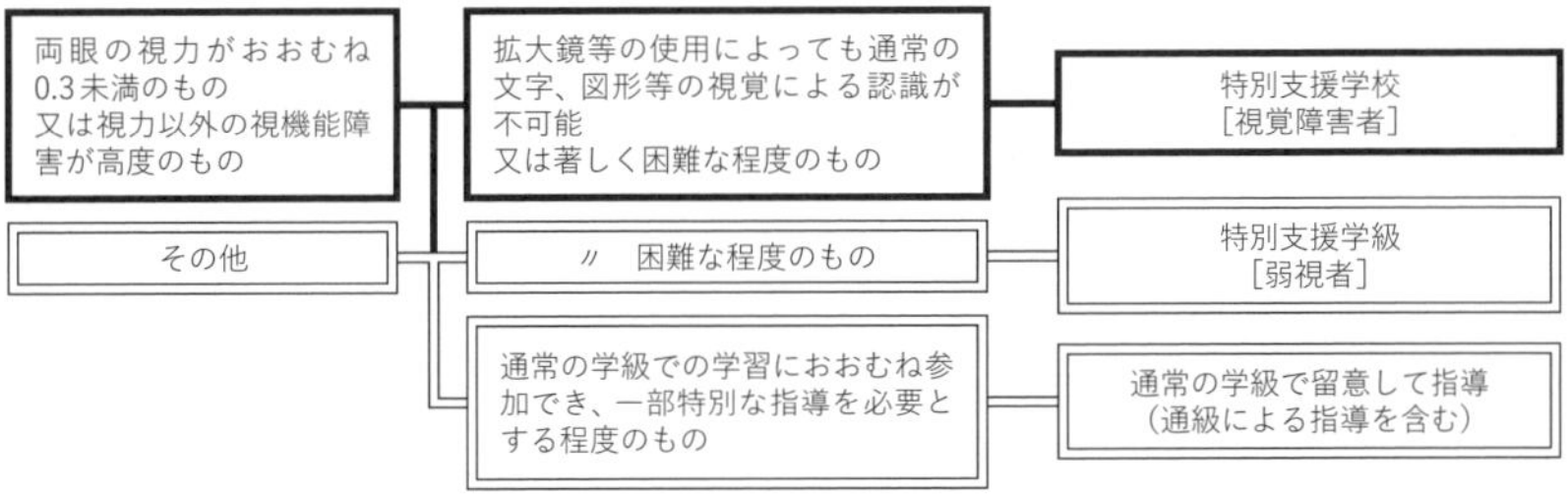

(2)聴覚障害者及び難聴者

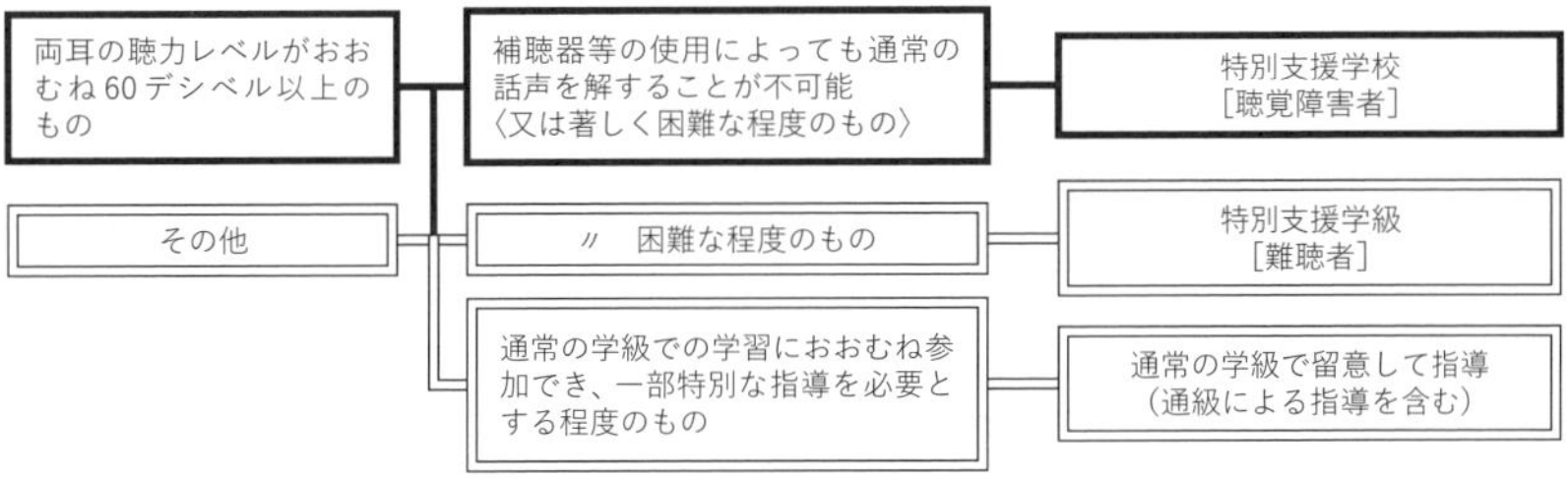

(3)知的障害者

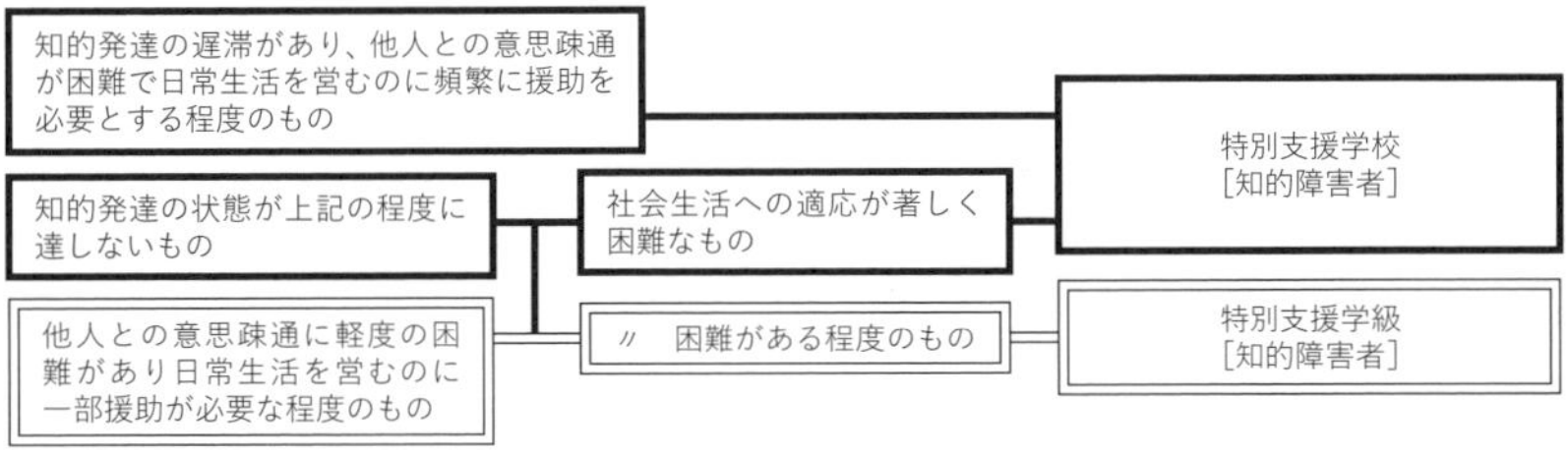

(4)肢体不自由者

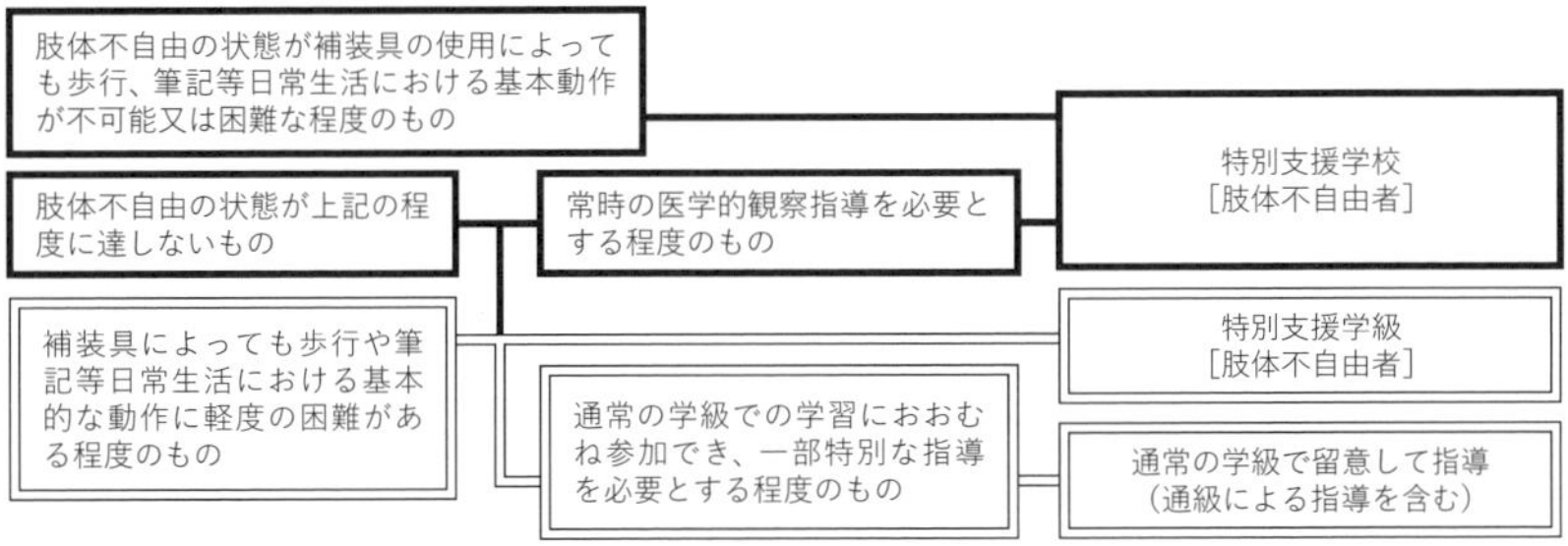

〈注〉━━ は学校教育法施行令第22条の3に基づく基準等
＝＝ は14文科初第291号通知を引き継ぐ基準等　── は17文科初第1178号通知を引き継ぐ基準等

認定特別支援学校就学者の仕組みについて――本人・保護者の意向尊重

政令である学校教育法施行令第二十二条の三の基準は、自治体も遵守しなければならないので、その基準に該当する者は特別支援学校に就学させるという一律の判断になってしまいます。そこで二〇〇二年に登場したのが、例外を認める認定就学者の制度です。すなわち、「市町村の教育委員会が、その者の障害の状態に照らして、当該市町村の設置する小学校又は中学校において適切な教育を受けることができる特別の事情があると認める者（以下『認定就学者』という。）」（当時の学校教育法施行令第五条第一項）は、特別支援学校ではなく、小・中学校（通常の学級または特別支援学級）に就学させることができるようになったのです。

これに対して、中央教育審議会のインクルーシブ教育報告（二〇一二年）は、「就学基準に該当する障害のある子どもは特別支援学校に原則就学するという従来の就学先決定の仕組みを改め、障害の状態、本人の教育的ニーズ、本人・保護者の意見、教育学、医学、心理学等専門的見地からの意見、学校や地域の状況等を踏まえた総合的な観点から就学先を決定する仕組みとすることが適当である」としました。そして、二〇一三（平成二五）年九月一日付の文部科学事務次官通知「学校教育法施行令の一部改正について」（二五文科初第六五五号通知）では、「改正後の学校教育法施行令第十八条の二に基づく意見の聴取は、市町村の教育委員会において、当該視覚障害者等が認定特別支援学校就学者に当たるかどうかを判断する前に十分な時間的余裕をもって行うものとし、保護者の意見については、可能な限りその意向を尊重しなければならないこと」との留意事項が示されたのです。

認定就学者の制度に代わって、学校教育法施行令の二〇一三年改正に伴い二〇一四年度就学手続きから新しく導入されたのが認定特別支援学校就学者の制度です（四六頁、学校教育法施行令第五条第一項）。このように認定特別支援学校就学者の制度は、従来の固定的・分離的な就学原則を見直したうえ、「本人・保護者の意向を尊重して合意を形成するという新方式」への転換を意味しています。

認定特別支援学校就学者とは、「視覚障害者等のうち、当該市町村の教育委員会が、その者の障害の状態、その者の教育上必要な支援の内容、地域における教育の体制の整備の状況その他の事情を勘案して、その住所の存する都道府県の設置する特別支援学校に就学させることが適当であると認める者をいう」とされています（学校教育法施行令第五条）。そしてなお、流れ図（三六頁）の「教育支援委員会」での意見聴取および総合的判断を経て、市町村教育委員会が認定特別支援学校就学者と最終決定した場合のみ、特別支援学校の対象者として都道府県に通知されます（四九頁、図5の「一一月三〇日」から「一二月三一日」の矢印部分）。

判断の結果を確認する

市町村教育委員会は、都道府県教育委員会に対して、一二月三一日までに認定特別支援学校就学者を通知しなければなりません（学校教育法施行令第十一条）。ですから、市町村教育支援委員会の総合的判断および市町村教育委員会の最終決定は一二月中には終わっていなければならないこととなります。

年末のあわただしい時期ですが、本人・保護者の意向を尊重させるために、保護者の側はなかなか気が抜けません。現行法では、就学通知を発送する前にあらかじめ就学判断の結果を保護者に通知するという教育委員会側の義務はありません。したがって、年越しまでに、市町村教育委員会に自ら電話で問いあわせるなどして、市町村段階での判断の結果を確認しておいてもよいでしょう。

通知を受けた都道府県教育委員会では、市町村段階において判断が困難なケースについて調査・審議することはあるようですが、市町村段階の決定を尊重することが通常です。重視すべきは、やはり市町村段階での判断をいかに本人・保護者の意向を尊重した形でおこなわせるかということになるでしょう。

地方分権にともない自治体の独自判断が可能に

ここで注意が必要なのは、地方分権一括法の施行（二〇〇〇年度〜）によって自治体の独自判断が可能になっているということです。

それまでは、国（文部省）の権限が強い中央集権制でしたので、本来は国がおこなうべき仕事を地方機関に委任しておこなわせている「機関委任事務」の範囲が大きかったのです。障がい児を含む就学事務も「機関委任事務」とされ、法令はもとより、文部省の発する通達や指示文書に縛られてきました。

地方分権一括法にともなう見直しで、就学事務は自治体が自主的におこなう「自治事務」に移行しました。つまり、法令（国会が定める法律〔例・学校教育法〕、政府が定める政令〔同施行令〕、各省が定める省令〔同施行規則〕）には従わなければなりませんが、それ以外においては自治体に強制はせず、その裁量にゆだねることになったのです。したがって、「文部科学省による就学基準等」（前掲四〇〜四一頁、図4）の学校教育法施行令第二十二条の三に定める箇所（太線の部分）は全国一律に従わなければなりませんが、通知によるほかの箇所（二重線の部分、普通線の部分）はあくまでも国から提示された参考資料にすぎないのです。

「文部科学省による就学基準等」の図において、「知的障害者」については「通常の学級で留意して指導（通級による指導を含む）」が示されていません。文部科学省は「知的障害者」が通常学級で学ぶことや通級指導を利用することを想定していなかったのです。しかし、「知的障害者」を通級指導の対象から外すことは法令には明記されていません。通級指導の対象者を掲げた学校教育法施行規則第百四十条には「その他障害のある者で、この条の規定により特別の教育課程による教育を行うことが適当なもの」という記述があり、仮に「知的障害者」も「その他」に該当すると自治体が独自に判断すれば、通知に記載のない「知的障害者」にも通級指導を提供しうるのです。

いま全国には、一七〇〇余りの市町村があります。障がいのある子の就学・進学も、全国一律というよりは、個々の自治体ごとに特色があります。自治体間の相違や格差を生む危惧もありますが、本人・保護者の意向を尊重した形で自治体と合意を形成する可能性は以前よりぐんと広がっています。お住まいの自治体の情報をインターネットで集め、利用している就学前の療育・保育・教育の関係者に助言を求め、先輩保護者に体験を聴いてみましょう。

§参考情報　「知的障害　通級指導」のキーワードでウェブ検索すると、「通級による指導の対象となる障害の種類の見直し／知的障害を通級による指導の対象に加える」という「平成二七年　地方分権改革に関する提案募集　提案事項」や、「知的障害に対する通級による指導についての実践研究」という文部科学省からの公募案内がヒットします。

§参考情報　「お住まいの自治体名　就学時健康診断」「同　教育支援委員会」「同　就学相談／就学手続き」などのキーワードでウェブ検索すると、身近な欲しい情報が入手できるでしょう。

4　就学通知が届いてから

こうして、一月末までには、市町村立学校へ就学する場合は市町村教育委員会から（学校教育法施行令第五条）、都道府県立学校の場合は都道府県教育委員会から（同第十四条）、各家庭に就学通知が届けられることになります。

学校教育法施行令（※傍線引用者）

第二節　小学校、中学校、義務教育学校及び中等教育学校

（入学期日等の通知、学校の指定）

第五条　市町村の教育委員会は、就学予定者（法第十七条第一項又は第二項の規定により、翌学年の初めから小学校、中学校、義務教育学校、中等教育学校又は特別支援学校に就学させるべき者をいう。以下同じ。）のうち、認定特別支援学校就学者（視覚障害者、聴覚障害者、知的障害者、肢体不自由者又は病弱者（身体虚弱者を含む。）で、その障害が、第二十二条の三の表に規定する程度のもの（以下「視覚障害者等」という。）のうち、当該市町村の教育委員会が、その者の障害の状態、その者の教育上必要な支援の内容、地域における教育の体制の整備の状況その他の事情を勘案して、その住所の存する都道府県の設置する特別支援学校に就学させることが適当であると認める者をいう。以下同じ。）以外の者について、その保護者に対し、翌学年の初めから二月前までに、小学校、中学校又は義務教育学校の入学期日を通知しなければならない。

2　市町村の教育委員会は、当該市町村の設置する小学校及び義務教育学校の数の合計数が二以上である場合又は当該市町村の設置する中学校（法第七十一条の規定により高等学校における教育と一貫した教育を施すもの（以下「併設型中学校」という。）を除く。以下この項、次条第七号、第六条の三第一項、第七条及び第八条において同じ。）及び義務教育学校の数の合計数が二以上である場合においては、前項の通知において当該就学予定者の就学すべき小学校、中学校又は義務教育学校を指定しなければならない。

3　（略）

第三節　特別支援学校

（特別支援学校の入学期日等の通知、学校の指定）

第十四条　都道府県の教育委員会は、第十一条第一項（第十一条の二、第十一条の三、第十二条第二項及び第十二条の二第二項において準用する場合を含む。）の通知を受けた児童生徒等及び特別支援学校の新設、廃止等によりその就学させるべき特別支援学校を変更する必要を生じた児童生徒等について、その保護者に対し、第十一条第一項（第十一条の二において準用する場合を含む。）の通知を受けた児童生徒等にあつては翌学年の初めから二月前までに、その他の児童生徒等にあつては速やかに特別支援学校の入学期日を通知しなければならない。

2　都道府県の教育委員会は、当該都道府県の設置する特別支援学校が二校以上ある場合においては、前項の通知において当該児童生徒等を就学させるべき特別支援学校を指定しなければならない。

3　（略）

指定された学校に納得できないとき

就学通知は一片のはがきにすぎませんが、そこには子どもさんが就学すべき学校が教育委員会によって指定されています。学校指定は、教育委員会による行政処分とみなされます。したがって、指定学校を記した就学通知の内容に関して不服のある場合には、行政不服審査法にもとづいて通知を受け取った日の翌日から三カ月以内（行政不服審査法第十八条第一項）に不服申立てをおこなうことができます。この制度は、国民の権利・利益の救済と行政の適正な運営を確保する目的で設けられているもので、たとえば都道府県および市町村民税、自動車税や保育所徴収金額の決定通知書などにも、不服申立てのできることが書かれています。就学通知書に行政不服審査請求について記載している自治体もあります。なお、行政処分によって権利保障上の不利益をこうむるときには、行政事件訴訟法にもとづいて裁判に訴えることもできます。

しかし、行政不服審査請求や訴訟で納得のいく結論を勝ちとるまでには長い月日を要することですので、できることならば就学通知が届けられるまでに教育委員会との合意を形成しておきたいものです。就学通知が届けられてからの二カ月間であわてることのないように、一月末までに最善の取り組みをしておこうではありませんか。しかし、万一、就学通知の内容に異議のある場合には、権利として保障されている諸制度を活用しましょう。お近くの弁護士さんや人権救済機関に相談されることをおすすめします。

以上の第一章での説明をまとめると、左に掲げる就学事務フローチャートのようになります。

§参考情報　「就学事務システム（学齢簿編製等）標準化の考え方」☞掲載ウェブサイト

図5　就学事務フローチャート

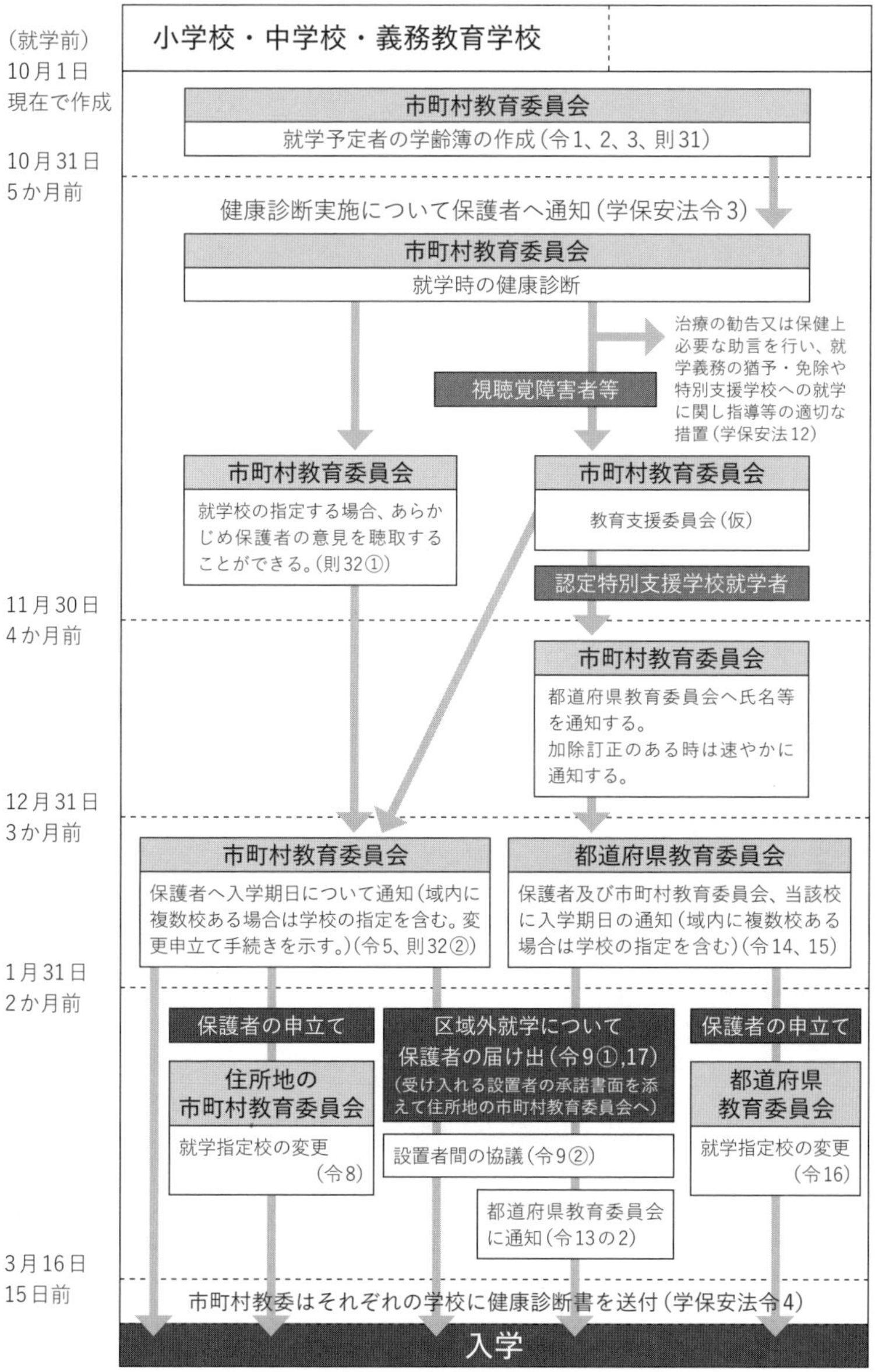

※令：学校教育法施行令　則：学校教育法施行規則　学保安法：学校保健安全法　学保安法令：学校保健安全法施行令

出典　就学事務システム(学齢簿編製等)の標準化を推進するための調査研究検討委員会(第3回)「資料1　就学事務システム(学齢簿編製等)標準化の考え方」(2頁)をもとに作成

教育委員会の権限、校長の権限

　教育委員会というと、市役所や町村役場の庁舎にある機関とそこで机仕事をしている職員をイメージします。しかし、それは正確には教育委員会の事務局です。教育委員会そのものは、一人の教育長と四人の教育委員で構成される合議制の機関なのです（都道府県等は五人以上、町村等は二人以上）。教育委員は人格が高潔で識見を有する一般住民が、議会の同意を得て自治体の長から四年の任期（非常勤）で任命されるのです（地方教育行政の組織及び運営に関する法律第三・四・五条）。以前は、教育委員会の代表者として教育委員会会議を主宰する教育委員長（非常勤、教育委員による互選）がいましたが、いまは教育長（任期三年［常勤］、第五条）が教育委員会の会務を総理し、教育委員会を代表します（第十三条）。そして、教育委員会の日常的な事務を扱うのが事務局です（第十七条）。

　教育における住民自治を推進するためにこのような教育委員会制度がとられています。教育長も事務局職員も、本来は住民に奉仕する責務を負っているのです。「教育委員会」と聞いただけで萎縮してしまいそうですが、主権者は住民のみなさん方なのです。

　ところで、就学に関する折衝の窓口は担当課係の職員（課長、係長、指導主事、事務職員など）になると思いますが、学校指定などの職務権限はそうした職員に属さないことをよく承知しておいてください。あくまでも権限を有するのは教育長であり、何かの交渉をおこなう場合には教育長とおこなう必要があります。また、合議制の教育委員会を構成する教育委員へのはたらきかけも忘れないようにしましょう。自治体のホームページや職員名簿を見れば、教育委員および教育長が判明するはずです。氏名や連絡先をメモしておきましょう。

　なお、学校指定は就学すべき「学校」を指定する行為をいい、通常の学級か特別支援学級か、単一障害学級か重複障害学級かといった在籍する「学級」の指定を含みません。学級の決定は校務に属する事項とみなされ、職員会議などの合議を経て最終的には校長がつかさどります（学校教育法第三十七条）。同様に、高等学校（高等部）への入学許可（学校教育法施行規則第九十・百三十五条）に関しても、権限を有する学校長を相手に交渉しなければなりません。

　問題とする事項の権限を誰が有するのかを、よく見極めておく必要があるでしょう。

§参考情報　文部科学省「教育委員会制度について」☞掲載ウェブサイト

文部科学省「地方教育行政の組織及び運営に関する法律の一部を改正する法律（概要）」（新教育委員会制度について）☞掲載ウェブサイト

・Q&A・

Q　就学事務は全国一斉に一〇月から始まるのですか。

A　自治体によっては、一〇月以前の早い時期から始めるところがあります。また、すでに就学している者の措置変更については年間を通して相談窓口が開かれており、就学前にあっても、就修学相談に関しては早い時期から利用機会を開いているところが増えています。お住まいの市町村の情報をウェブ検索してみましょう。市町村によっては、乳幼児健診事業の延長として、障がいのある子どもさんたちの成長・

発達の様子を記録し、切れ目のない支援にいかすために「サポートブック」を作成し配布しているところもあります。

Q 早生まれの子で言語に軽い遅れがあります。一年間就学猶予をさせて、その間の成長をみて通常の学級に入れたいのですが。

A 就学猶予とは正式には「就学させる義務の猶予」のことで、「病弱、発育不全その他やむを得ない事由のため、就学困難と認められる者の保護者」に適用されます（学校教育法第十八条）。具体的には、市町村教育委員会の指定する医師そのほかの者の証明書など、その事由を証するに足る書類を添えて保護者が願い出ることになります（同施行規則第三十四条）。

ところで、就学猶予は「教育を受ける権利」の侵害にも結びつくことがあり、その適用にあたっては慎重でなければなりません。同年齢の子ども集団からはずれることの当否、猶予期間中の代替的な教育保障（幼稚園・保育所の延長措置など）の可能性、一年後の通常の学級での学習の展望、小学校に就学したうえで「通級による指導（ことばの教室）」を活用する方策などを総合的に判断しましょう。

Q 就学時健診を受診しないと罰せられるのですか。

A 入学予定児およびその保護者に受診しなければならない義務はありませんので、あくまでも任意受診となります。就学時健診を受診しなかったという理由で、罰せられることはありません。

Q **国立大学の附属特別支援学校（または附属小・中学校の特別支援学級）に通わせようと決めています。就学時健診を受ける必要があるのでしょうか。**

A 居住地校との連携は、公立校に限らず、国立や私立の特別支援学校に就学する場合にも必要なことです。国（私）立校を選択する場合にも、居住地校交流などを実現するために、就学時健診をきっかけに居住地校との関係づくりを進めることが大切でしょう。

なお、国（私）立校への就学予定のいかんにかかわらず、公立校への就学事務手続きは自動的に進められています。国（私）立校への就学が内定した場合には、就学させようとする学校への就学承諾書を添えて、その旨を住所のある市町村教育委員会に届け出なければなりません（学校教育法施行令第九・十七条）。

Q **就学時健診の検査項目のうち、知能検査だけは承服できません。**

A どんな内容の検査で、何を調べてどのように使うのかをたずねてみましょう。納得できる説明がないようでしたら、知能検査のみ受診を断ってよいでしょう。日本でも医療の場において広がっているインフォームド・コンセント（説明を受けたうえでの同意）は、就学時の健康診断においても大切な考え方です。

Q　三月になったのにまだ就学通知が届きません。どうしたらよいでしょう。

A　就学通知は一月末までに届けられる建て前になっていますが、保護者と教育委員会との間で就学先の合意が得られていない場合などに通知の遅れることがあります。就学通知は学校指定などの行政処分を含んでいますので、一度公《おおやけ》にしてしまうとその取り消しに月日を要してしまいます（行政不服審査請求など）。就学通知が届けられる前に、早急に教育委員会と話しあいをもって合意形成をはからなければなりません。ただし、就学先についてすでに合意をみている場合には、単なる事務上の遅れと考えてよいでしょう。

Q　就学指定校以外でも希望するいずれかの学校に就学させれば、保護者の「就学させる義務」は果たされたことになるのではないでしょうか。

A　残念ながら現在のところは、「指定された学校へ就学させる義務が生ずる」との考えに文部科学省は立っています。したがって、就学指定校以外への就学は正式なものとは認められず、違法通学として指定校への就学督促を受けることになります。もう少しくわしく述べると、「休業日を除き引き続き七日間出席せず、その他その出席状況が良好でない場合において、その出席させないことについて保護者に正当な事由がないと認められるとき」は、学校長はすみやかに住所地の市町村教育委員会に通知しなければなりません（学校教育法施行令第二十条）。それを受けて、「就学させる義務」を怠っていると認められるときは出席督促がおこなわれます（同第二十一条）。そして、義務履行の督促を受けても子どもを出席させない者は一〇万円以下の罰金に処せられます（学校教育法第百四十四条）。

なお、不登校児については、教育支援センター（適応指導教室）やフリースクールへの参加を出席とみなしています。保護者が家庭で教育する「在宅学習（ホームエデュケーション）」の正式認可にはいたっていませんが、二〇一六年公布のいわゆる義務教育機会確保法（義務教育の段階における普通教育に相当する教育の機会の確保等に関する法律）によって教育機会の確保等に関する施策の推進、個々の不登校児の状況に応じた支援（オンライン学習などを含む）が一層適切に行われることが要請されています。

Q　LD（学習障害）やADHD（注意欠陥・多動性障害）の子どもの場合、就学事務はどうなりますか。

A　LDもADHDも訳語に「障害」の文字が入っていますが、特別支援学校や特別支援学級の対象となる「障害」には含まれていません。既存の七種類の特別支援学級の「障害」（四〇～四一頁、図4）に重なるハンディキャップがあれば、それらに応じて特別支援学級への教育措置が検討されることになります。そうでない場合は、通常学級に就学して、チームティーチングや「通級による指導」などを活用する方策となるでしょう。

図6　就学先を吟味するポイントノート

	居住地校の通常の学級 （学校名　　　　小・中学校）	特別支援学級 （学校名　　　　小・中学校）	特別支援学校 （学校名　　　　小・中学校）
子どもや地域 との結びつき			
学級人数・ 教師対子ども数			
教職員の配置			
教育課程・ 個に応じた指導			
教育の継続性			
通学条件・ 医療福祉ケア等			
就学奨励制度			

①希望の大きさに拡大複写して一人ひとりの「ノート」をつくりましょう。
②まず聞き取った事柄を学校別・ポイント別に整理します。現状や事実の書き込みは黒色でおこないます。
③つぎに、相互に比較検討しながら、それぞれに改善・変革すべき点を明らかにします。青色で書き込みます。
④そのうえで、中心的に利用する教育機関（就学先）を絞り、どのような「豊かな連携」のもとで不十分点を補うかについて構想します。赤色で書き込みます。

②

就学先を訪ねてみよう

1　障がい児の学校教育機関

ここで、障がい児の学校教育機関（三種類）について紹介しておきます。

まず、①通常の学級があります。「普通学級」とか「一般学級」とか呼ばれることが多いですが、法規上は「通常の学級」とされています。

つぎに、②特別支援学級があります（学校教育法第八十一条に定められた学級。養護学級、支援学級などとも呼ばれる）。特別支援学級は、現在、知的障害者、肢体不自由者、身体虚弱者、弱視者、難聴者、言語障害者、自閉症・情緒障害者（自閉症又はそれに類するタイプ、主として心理的な要因による選択性かん黙等のタイプの二タイプ）を対象とした七種類の学級が認められています。学校教育法第八十一条に明示された五つに加えて、「その他」として言語障害者、自閉症・情緒障害者の二つが追加された形です（「障害のある児童生徒等に対する早期からの一貫した支援について」二五文科初第七五六号通知）。

最後に、③特別支援学校があります（学校教育法第七十二条）。特別支援学校は、視覚障害者、聴覚障害者、知的障害者、肢体不自由者、病弱者（身体虚弱者を含む）を対象とした五種類となっています。

なお、法的には特別支援学校ですが、校名として従来どおりに盲学校、聾《ろう》学校、養護学校を使用することが許されています。また、どの「障害」を対象とするかも各自治体が自由に決めることができますが、学校名称（例——聴覚特別支援学校）や学校のなかの部門（例——知的障害部門）として、対象とする「障害」が明らかにされています（学校教育法第七十三条）。

学校教育法（※傍線引用者）

第八章　特別支援教育

第七十二条　特別支援学校は、視覚障害者、聴覚障害者、知的障害者、肢体不自由者又は病弱者（身体虚弱者を含む。以下同じ。）に対して、幼稚園、小学校、中学校又は高等学校に準ずる教育を施すとともに、障害による学習上又は生活上の困難を克服し自立を図るために必要な知識技能を授けることを目的とする。

第七十三条　特別支援学校においては、文部科学大臣の定めるところにより、前条に規定する者に対する教育のうち当該学校が行うものを明らかにするものとする。

第七十四条　特別支援学校においては、第七十二条に規定する目的を実現するための教育を行うほか、幼稚園、小学校、中学校、義務教育学校、高等学校又は中等教育学校の要請に応じて、第八十一条第一項に規定する幼児、児童又は生徒の教育に関し必要な助言又は援助を行うよう努めるものとする。

第七十五条　第七十二条に規定する視覚障害者、聴覚障害者、知的障害者、肢体不自由者又は病弱者の障害の程度は、政令で定める。

第七十六条　特別支援学校には、小学部及び中学部を置かなければならない。ただし、特別の必要のある場合においては、そのいずれかのみを置くことができる。

②　特別支援学校には、小学部及び中学部のほか、幼稚部又は高等部を置くことができ、また、特別の必要のある場合においては、前項の規定にかかわらず、小学部及び中学部を置かないで幼稚部又は高等部のみを置くことができる。

第七十七条　特別支援学校の幼稚部の教育課程その他の保育内容、小学部及び中学部の教育課程又は高等部の学科及び教育課程に関する事項は、幼稚園、小学校、中学校又は高等学校に準じて、文部科学大臣が定める。

第七十八条　特別支援学校には、寄宿舎を設けなければならない。ただし、特別の事情のあるときは、これを設けないことができる。

第七十九条　寄宿舎を設ける特別支援学校には、寄宿舎指導員を置かなければならない。

②　寄宿舎指導員は、寄宿舎における幼児、児童又は生徒の日常生活上の世話及び生活指導に従事する。

第八十条　都道府県は、その区域内にある学齢児童及び学齢生徒のうち、視覚障害者、聴覚障害者、知的障害者、肢体不自由者又は病弱者で、その障害が第七十五条の政令で定める程度のものを就学させるに必要な特別支援学校を設置しなければならない。

第八十一条　幼稚園、小学校、中学校、義務教育学校、高等学校及び中等教育学校においては、次項各号のいずれかに該当する幼児、児童及び生徒その他教育上特別の支援を必要とする幼児、児童及び生徒に対し、文部科学大臣の定めるところにより、障害による学習上又は生活上の困難を克服するための教育を行うものとする。

②　小学校、中学校、義務教育学校、高等学校及び中等教育学校には、次の各号のいずれかに該当する児童及び生徒のために、特別支援学級を置くことができる。

一　知的障害者

二　肢体不自由者

三　身体虚弱者

四　弱視者
五　難聴者
六　その他障害のある者で、特別支援学級において教育を行うことが適当なもの
③　前項に規定する学校においては、疾病により療養中の児童及び生徒に対して、特別支援学級を設け、又は教員を派遣して、教育を行うことができる。
第八十二条　（略）

これらの学校教育機関への就学の形態は、次頁の図7のようにさまざまなケースが考えられます。大人は、旧来の観念から「学校へは通わなくてはならない」と思い込み、通学できなければ就学は無理だと即断してしまいがちです。しかし、「就学＝通学」ではないのです。図のなかで「通学」は、F・G・Hにすぎません。学校に寄宿舎が併設されていることもありますし（E）、福祉施設や病院に学校が隣設されたり（D）、学級などが併設されている（C）こともあります。加えて、学校から家庭や施設・病院へ教員が訪問・巡回して教育保障をおこなう制度もあります（A・B）。このうち、特別支援学校からの訪問を「訪問教育」（学校教育法第七十二条の一形態）、小・中・高等学校からの訪問を「教員派遣」（学校教育法第八十一条の一形態）といいます。

なお、障がい児が通常の学級に通う統合教育はHにあたります。統合教育を可能な限り推進していくことは望ましいのですが、現状においてすべての障がい児の教育保障を実現するにはAからHまでの多様な就学の形態がトータルに整備されることが重要なのです。

図7　就学の形態

A
家庭
訪問教育
教員派遣
在宅訪問教育および
教員派遣
B
施設
病院
訪問教育
教員派遣
施設内・病院内訪問
教育および教育派遣
C
施設
病院
特別支援学校の分校・分教室
小・中学校の特別支援学級
施設内・病院内学級
および分校等
D
施設
病院
学校
施設・病院への学校の隣設
E
寄宿舎
特別支援学校
寄宿舎への入舎
F
家庭
施設
病院
地域の
特別支援学校
特別支援学校
G
家庭
施設
病院
地域の
特別支援学級
特別支援学級
H
家庭
施設
病院
地域の小・中
学校の通常の
学級
通常の学級
（通級による
指導を含む）
スクールバス・徒歩での通学

Column

訪問教育制度

教員派遣制度は学校教育法第八十一条第三項に規定されています。しかし、学校教育法第七十二条（特別支援学校の目的）に「訪問教育」という用語は登場しません。また、特別支援学校における「特別の教育課程」について定めた学校教育法施行規則第百三十一条にも、特別支援学校の学習指導要領にも、「訪問教育」ではなく「教員を派遣して教育を行う場合」としか記載されていません。

訪問教育は、一九七九年度の養護学校教育の義務制実施に際して、「就学可能であるが、心身の障害の状態が重度であるか又は重複しており、学校へ通学して教育を受けることが困難な者」を対象として正式に制度化されました（文部省初等中等教育局特殊教育課「訪問教育の概要（試案）」一九七八年）。

内容的にはしだいに改善されて、特別支援学校から専門教師の訪問指導を週三回（二時間ずつ）程度受けることができます。しかし、授業時数は義務教育九年間の合計で通学生のおよそ六分の一にすぎません。そこで、健康状態が安定すれば通学に切り替えるほうがよいでしょう。教育委員会はスクールバスや寄宿舎を整備して、通学困難を解消する義務があります。また、病院や福祉施設など対象児が複数いる場合には、院内（施設内）学級や学校・分校を設置するよう努めなければなりません。

訪問教育は高等部段階にも認可された制度であり、一九九七年度からの試行を経て、二〇〇〇年度から全国レベルで制度化されました。これにともない、どのように重い障がいがあっても、希望すれば全員が高等部に進学できるようになりました。なお、さらに教育年限を延長するために、授業時数の少ないことに配慮して原級留置（留年）を認めているところもあります。

なお、一般校での教育を希望し、地域生活を創っていこうという動きもあります。二〇二一年には、国や地方自治体の医療的ケア児の支援をおこなう責務を明文化した「医療的ケア児及びその家族に対する支援に関する法律」（医療的ケア児支援法）が成立しています。

§参考情報　全国訪問教育研究会（全訪研）、医療的ケアが必要な子どもと学校教育、全国病弱教育研究会、全国医療的ケア児者支援協議会のサイトにアクセスすると、会の活動、出版物、動画、関連情報などを入手できます。

§参考文献　全国訪問教育研究会『せんせいが届ける学校——訪問教育入門』クリエイツかもがわ、二〇〇七年。垂髪あかり『〈ヨコへの発達〉とは何か——障害の重い子どもの発達保障』日本標準、二〇二〇年。

2　就学先を選ぶポイント

以上の三種の教育機関および八種の就学形態の長所・短所や実態をよく見極めて就学先および就学形態を選ぶことが重要です。選ぶポイントは以下の⑴～⑺の七点です。

⑴　子どもたちとの育ちあい・居住地域との結びつき

障がいのあるわが子を地域の子どもたちとともに育てたいと願う保護者は多くいます。この面からみると、子どもたちとの日常的な交流は、一般的には通常の学級が最も容易で、特別支援学級、特別支援学校ほど困難になります。

しかし、学校教育そのものが深く病んでいる今日、事はそれほど単純ではありません。社会問題化している「いじめ」や人権侵害がよい例です。子どもたちと時間的・空間的に一緒にいれば、ともに育ちあうことになるかというと、そう簡単ではないということです。教育諸条件のうえでも、通常の学級における障がい児のための特別な配慮はまだ十分ではありません。

これに対して、特別支援学級の場合、子どもたちとの交流と障がい児一人ひとりに応じた学習を両立させやすいという面があります。しかし、居住地校にない場合は、開級されている隣接校に就学しなければならず、兄弟姉妹や友だちと別の学校になり、居住地域との結びつきは弱くなります。

一方、この点では最も分の悪い特別支援学校においても、のちほど紹介する居住地校交流をおこなうなどの工夫によっては、居住地との結びつきや、子どもたちとの育ちあいを築きあげることが望めます。

(2) 学級人数・教師一人あたりの子ども数

子ども一人ひとりに教師の目がいき届くかどうかは、保護者の大きな関心事のひとつです。

小・中学校の法律上の学級定数は四〇人でした（高校も四〇人）。同学年生が四〇人以下なら一クラスになりますが、四一人だと二〇人と二一人の二クラスになります。

約四〇年ぶりに「公立義務教育諸学校の学級編制及び教職員定数の標準に関する法律」（義務標準法）が改正され、二〇二一年度から小学校（義務教育学校の前期課程を含む）で三五人学級化が進んでいます（同学年生が三六人だと一八人と一八人の二クラスになる）。なお、自治体によっては三〇人学級など定数の少人数化が独自予算によってさらに進んでいます。同じ通常の学級でさえ、学級人数に大きな差があるのです。

通常の学級の三五人ないし四〇人（学年別の単式編制）に対して、特別支援学級は八人（学年をこえた複式編制）、特別支援学校は小・中学部が六人（学年別の単式編制）、高等部が八人（同前）、さらに重複障害学級（訪問教育も同様）は三人（学年をこえた複式編制）が学級編制の標準になっています。特別支援学級は学年をこえた複式編制であるのに対して、特別支援学校は少人数でも学年ごとの単式編制が基本ですから、学級人数や教師一人あたりの子ども数の面では、特別支援学校が最も配慮されているといえましょう。

(3) 教職員の配置

力量のある先生に恵まれるかどうかも、大きな関心事です。保護者の側からすれば、率直にいって、いわゆる「あたり・はずれ」を感じるかもしれません。しかし、全般的にみて、つぎの傾向はうかがえます。

①教職員の加配

特別支援学校には、通常の学級や特別支援学級にない教職員の配置があります。それは、「自立活動担当教諭」です。特別支援学校の教育課程には、一般校にはない「自立活動」の領域が設けられており、言語指導や身体動作指導などを担当する教員が特別に配置されます（「特別支援学校自立活動教諭免許状」を所持している場合もある）。また、送迎や教室移動などの介助をおこなう「介助職員」の配置が認められています。

②教職員の資格

特別支援学校の教諭は、幼稚園、小学校、中学校、高等学校の基礎免許状のうえに、基本的には五つの障

学級編制と集団編成

一般に用いられる「集団編成」に対して、「制」の文字を使用した「学級編制」は組織編制の一環としての特別な用語です。学級は同学年編制を原則にして、公立校の場合は標準法（「公立義務教育諸学校の学級編制及び教職員定数の標準に関する法律」義務標準法、「公立高等学校の適正配置及び教職員定数の標準等に関する法律」高校標準法）に定める学級人数の編制標準にもとづいて編制されます。

学級編制について保護者が知っておくべきことは、第一に、該当児が一人でも特別支援学級は開設されるということです。障がい児を通常学級に入れようと希望する際に、教員を加配して複数担任制にしてほしいという声をよく聞きます。しかし、現状ではＴＴ方式や一部の授業を除いて、通常の学級は一人担任制です。そこで特別支援学級を設置して、特別支援学級の担任とともに通常の学級において「交流及び共同学習」をおこなう方策が考えられます。この方式ですと、必要に応じての個別指導も可能です。特別支援学級の開設に必要な最低人数を三人などと設定している教育委員会がありますが、標準法には定めのないことです。法の趣旨は一人でも開設する方針であり、さきに紹介した七種の障がい種別に一人でも該当児がいればよいのです（たとえば、「肢体不自由児」と「病弱児」が一人ずついる場合には、「肢体不自由児学級」一学級、「病弱児学級」一学級の計二学級が開設できます）。

第二に、学級編制（法定学級）とは別に、教育指導上の必要に応じて学習集団は柔軟に編成（集団編成）しうることです。したがって、さきの例にあげた特別支援学級の二学級を必要に応じて合同編成して二人を一緒に学習させる時間の確保も可能ですし、通常の学級との統合を工夫することもできます。こうすれば、法定学級の一人編制による少人数化・孤立化を防ぐことにもなります。

がい種に応じた専門の特別支援学校教諭免許状をもっていなくてはなりません（教育職員免許法第三条）。全員への義務づけは過渡的措置として猶予されています（同法附則十五）が、もちろん専門免許状取得が重視されています。なお、特別支援学級の担任に関しては、いまのところ特に専門免許状は必要とされていません。

③特別支援教育の経験

教師には、大きく二つのタイプがみうけられます。特別支援教育に従事して二、三年で転勤してしまう先生と、長年勤め続ける先生です。単純に勤続年数が長ければよいというものではありませんが、特別支援教育経験の長さはやはり魅力です。

④教職員集団の力

教育は、学校の教職員の集団的な力量やチームワークに依拠する部分が多くあります。

学校によって状況はずいぶんと違いますが、通常の学級や一人担任制の特別支援学級は、学級担任のがんばりが直接的にあらわれる傾向にあります。力量のある先生の場合にはうまくいくのですが、いわゆる「学級王国」、すなわち担任の先生のワンマンという面が残っていることもあります。また、信頼をおいていた担任が交代した場合など、信頼関係づくりを一からやり直さなければならない苦労もあります。

この点、特別支援学校は新任からベテランまでがチームを組んで指導にあたっている利点があります。しかし、複数の教師が個性を発揮しつつまとまった集団を形成するむずかしさがあったり、なれあいが生じたりもします。

(4) 教育課程・個に応じた指導

学校教育は、就学前のように保育（教育）課程がゆるやかに構成されているのではなく、「学習指導要領」によって内容の管理が進んでいます。したがって、時々の「学習指導要領」の方針によって「ゆとり教育」に傾いたり、「学力向上」に重きをおいたりと、揺れ動きが問題になっています。ご存じのとおり、二〇〇七年から「学力向上」をめざして全国一斉学力学習状況調査もおこなわれています。一方で、二〇一七年からは「主体的・対話的で深い学び」（アクティブ・ラーニング）が推奨されています。

特別支援学校や特別支援学級は、こうした拘束から比較的自由となり、子どもの実態に応じた教育内容が現場教師の工夫でつくれるようになっています。複数担任制をとり、学習活動に応じて自由に集団編成をおこなっている特別支援学校や複数学級設置の場合の特別支援学級は魅力的です。しかも、特別支援学校や特別支援学級では、「自立活動」（一二九頁）の領域を設けるようになっています。

なお、特別支援学級のある学校では、可能な活動については通常の学級でおこない、小集団が好ましい活動や個に応じた学習については個別に特別支援学級でおこなう方式をとり入れることもできます。また、一九九三年度から始まった「通級による指導」を二〇〇六年度から発達障害児にも拡充し、また二〇一八年度から高校にも導入して使いやすくしましたが、このことについては第五章でくわしく述べます。

(5) 教育の継続性

子どもが小学校に入学した時点では、六歳の現時点のことで精一杯で、さきのことを考える余裕はないかもしれません。しかし、やがて訪れる思春期・青年期を見とおして、「就学」を考えることが大切です。学級や学校を途中で変わることがプラスになる場合も、逆にマイナスになる場合もあります。通常の学級に就学したとしても、教科学習の比重が増し、しだいに内容が膨大かつ抽象的になってくる中・高学年まで継続するか、途中で変更するかは決断のしどころです。「中一ギャップ」「荒れる中学」などといわれる中学校段階ではどのようにするのか。さらに、義務教育後の進学・進路も考えておくべきでしょう。

通常の学級の場合、高等学校へ進学する段階で受験、すなわち選抜試験があります。

特別支援学級は、法律上は高等学校にも設置できることになっていますが、実際にはごく一部の私立高校にしか設置されていません。

特別支援学校は、小学校段階の小学部、中学校段階の中学部のほかに、幼稚園にあたる幼稚部、高等学校にあたる高等部を併設することができます。特別支援学校のなかには、一八歳段階までではなく、さらに専攻科などが設けられて専門的な教育が継続できるようになっているところもあります（エピローグ参照）。

(6) 通学条件・寄宿舎教育・医療および福祉ケア

教育諸条件のよさそうな特別支援学校も、こと通学という面になると大変不便です。

従来の盲・聾学校は、一県に一校しかないというところが多くあります。高等学校よりも校区が広いのですから、親元から離して寄宿舎や施設に入れなければならないこともあります。しかし、今日では、家庭から通学することの意義が見直されており（とくに小学校年齢）、通学が一般的になっています。いまでは、スクールバスがきめ細かく配車されています。

ところで、寄宿舎や併設の福祉施設・医療機関は、見過ごしてはならない機能や役割をもっています。大江健三郎の『新しい人よ眼ざめよ』（講談社文庫、一九八六年）という作品は、障がいのある息子さんが、養護学校の寄宿舎での短期入舎を終えて帰宅した夕食の場面で、それまでの「イーヨー」という愛称を拒絶するという出来事で結ばれています。寄宿舎での体験をきっかけに、子どもだと思っていた息子さんが同時代をともに生きる大人に変貌していったというエピソードです。このように、親から離れて自立（自律）の力を養う、就職を前に自立生活の経験をする、といった際には寄宿舎や福祉施設が併設されていると便利です。また、放課後や夏休みなど長期休業中の学童保育的機能、家族が病気や事故の際の緊急一時保護などの福祉的機能も充実されつつあります。

もちろん、在学中にグループホームを体験したり、放課後等デイサービスの福祉施策も活用できます。子どものなかには、福祉ケアや医療（的）ケアがなければ就学できないケースもあります。万一、在宅のままでも、訪問教育や教員派遣の制度が活用できます。

(7) 就学奨励制度の有無

特別支援学級や特別支援学校には「就学奨励」という制度があります（「特別支援学校への就学奨励に関する法律」）。七二〜七三頁の表3に示すように、①学校給食費、②交通費（通学費、付添い人経費、帰省費）、③寄宿舎居住に伴う経費、④修学旅行費、⑤学用品購入費、などが保護者の負担能力に応じて支給されます。なお、

表3　特別支援教育就学奨励費支給対象経費一覧

区分	特別支援学校															小・中学校			
	幼稚部			小学部			中学部			高等部						特別支援学級		通常の学級（令22条の3）	
										本科・別科			専攻科						
	Ⅰ	Ⅱ	Ⅲ	Ⅰ	Ⅱ	Ⅲ	Ⅰ	Ⅱ	Ⅲ	Ⅰ	Ⅱ	Ⅲ	Ⅰ	Ⅱ	Ⅲ	Ⅰ・Ⅱ	Ⅲ	Ⅰ・Ⅱ	Ⅲ
教科用図書購入費	—	—	—	—	—	—	—	—	—	10/10	10/10	10/10	10/10	10/10	10/10	—	—	—	—
学校給食費	10/10	1/2	—	10/10	1/2	—	10/10	1/2	—	10/10	1/2	—	10/10	1/2	—	1/2	—	1/2	—
交通費 通学費 本人経費	10/10	10/10	10/10	10/10	1/2 1/2	1/2 1/2	10/10	1/2 1/2	1/2 1/2	10/10	1/2 1/2	10/10	10/10	1/2	—	10/10	1/2	10/10	1/2
交通費 通学費 付添人経費 付添中	10/10	10/10	10/10	1～3年 10/10 4～6年（肢重）10/10	1～3年 1/2 1/2 4～6年（肢重）10/10	1～3年 1/2 1/2 4～6年（肢重）10/10	（肢重）10/10	（肢重）10/10	（肢重）10/10	（肢重）10/10	（肢重）10/10	（肢重）10/10	（肢重）10/10	（肢重）1/2	—	—	—	—	—
交通費 通学費 付添人経費 付添いのため	10/10	10/10	10/10	1～3年 10/10 4～6年（肢重）10/10	1～3年 10/10 4～6年（肢重）10/10	1～3年 10/10 4～6年（肢重）10/10	（肢重）10/10	（肢重）10/10	（肢重）10/10	（肢重）10/10	（肢重）10/10	（肢重）10/10	（肢重）10/10	（肢重）1/2	—	—	—	—	—
交通費 帰省費 本人 1～3回	10/10	10/10	10/10	10/10	1/2 1/2	1/2 1/2	10/10	1/2 1/2	1/2 1/2	10/10	1/2 1/2	10/10	10/10	1/2	—	—	—	—	—
交通費 帰省費 本人 4～39回	10/10	10/10	10/10	10/10	10/10	10/10	10/10	10/10	10/10	10/10	10/10	10/10	10/10	1/2	—	—	—	—	—
交通費 帰省費 付添人経費 1～3回 付添中	10/10	10/10	10/10	10/10	1/2 1/2	1/2 1/2	10/10	1/2 1/2	1/2 1/2	（肢重）10/10	（肢重）10/10	（肢重）10/10	（肢重）10/10	（肢重）1/2	—	—	—	—	—
交通費 帰省費 付添人経費 1～3回 付添いのため	10/10	10/10	10/10	10/10	10/10	10/10	10/10	10/10	10/10	（肢重）10/10	（肢重）10/10	（肢重）10/10	（肢重）10/10	（肢重）1/2	—	—	—	—	—
交通費 帰省費 付添人経費 4～39回	10/10	10/10	10/10	10/10	10/10	10/10	10/10	10/10	10/10	（肢重）10/10	（肢重）10/10	（肢重）10/10	（肢重）10/10	（肢重）1/2	—	—	—	—	—

交通費	職場実習費（交通費）		—	—	—	—	—	—	10/10	10/10	1/2	10/10	10/10	1/2	10/10	1/2	—	中学校 10/10	中学校 1/2	中学校 10/10	中学校 1/2
	交流及び共同学習費		10/10	10/10	1/2	10/10	10/10	1/2	10/10	10/10	1/2	10/10	10/10	1/2	—	—	—	10/10	1/2	10/10	1/2
寄宿舎居住に伴う経費		寝具購入費	10/10	1/2	—	10/10	1/2	—	10/10	1/2	—	10/10	1/2	—	—	—	—	—	—	—	—
		日用品等購入費	10/10	1/2	—	10/10	1/2	—	10/10	1/2	—	10/10	1/2	—	10/10	1/2	—	—	—	—	—
		食費	10/10	1/2	—	10/10	1/2	—	10/10	1/2	—	10/10	1/2	—	10/10	1/2	—	—	—	—	—
修学旅行	修学旅行費	本人経費	—	—	—	10/10	1/2	—	10/10	1/2	—	10/10	1/2	—	—	—	—	1/2	—	1/2	—
		付添人経費	—	—	—	(肢重) 10/10	(肢重) 1/2	—	(肢重) 10/10	(肢重) 1/2	—	(肢重) 10/10	(肢重) 1/2	—	—	—	—	—	—	—	—
	校外活動等参加費	本人経費	10/10	1/2	—	10/10	1/2	—	10/10	1/2	—	10/10	1/2	—	—	—	—	1/2	—	1/2	—
		付添人経費	10/10	1/2	—	1～3年 10/10 / 4～6年 (肢重) 10/10	1～3年 1/2 / 4～6年 (肢重) 1/2	—	(肢重) 10/10	(肢重) 1/2	—	(肢重) 10/10	(肢重) 1/2	—	—	—	—	—	—	—	—
												10/10	1/2	—	10/10	1/2	—	—	—	—	—
	職場実習宿泊費		—	—	—	—	—	—	—	—	—	10/10 (ICT) 10/10	1/2 (ICT) 10/10	— (ICT) 10/10	—	—	—	1/2	—	1/2	—
学用品購入費	学用品・通学用品購入費		10/10	1/2	—	10/10	1/2	—	10/10	1/2	—	10/10	1/2	—	—	—	—	1/2	—	1/2	—
	新入学児童・生徒学用品・通学用品購入費		—	—	—	10/10	1/2	—	10/10	1/2	—										

注）1 網掛け（　）の欄は、負担金分を示し、その他の欄は、補助金分を示す。交付金分は、負担金分と補助金分を合わせた分である。
2 表中「令22条の3」は、学校教育法施行令第22条の3に規定する障害の程度に該当する児童生徒が対象である。
3 表中「I」、「II」及び「III」は、保護者の経済的負担能力による区分である。
4 表中「肢」は肢体不自由の児童・生徒、「重」は重度・重複障害を有する児童・生徒である。
5 交通費の付添人経費で「付添中」は、幼児、児童又は生徒に付添っている場合であり、「付添いのため」は、幼児、児童又は生徒を送迎するために保護者が単独で往復する場合である。
6 特別支援学級の交通費のうち職場実習費については、中学校が対象である。
7 高等部の学用品・通学用品購入費のうち、「ICT」はICT機器購入費（加算分）である。

出典　文部科学省2020「特別支援教育資料（令和元年度）」第3部資料編（102頁）をもとに作成

☞ 掲載ウェブサイト

障がい児が通常の学級に在籍する場合にも、学校教育法施行令第二十二条の三に規定する障害の程度に該当する場合は、特別支援学級に準じた支援があります。

以上みてきたように、いずれも一長一短で完璧な教育機関はありません。結論からいえば、都道府県によって、地域によって、学校・学級によって、実態はさまざまであるということです。

とにかく、「百聞は一見にしかず」です。実際に保護者の目で、就学先の候補となる、①通常の学級、②特別支援学級、③特別支援学校、のすべてを納得いくまで見学してみることです。七つのポイントからじっくりと実態を見極め、子どもさんやご家庭の状況に応じてよく考えることです。近年では、「体験入学」と称する機会がほとんどの特別支援学校や特別支援学級で設けられています。要望すれば、実際に子どもをともなって授業に参加することもできます。将来を見越して小学校に限らず中学校も、小学部とともに中・高等部も見学しておきましょう。学校側から説明を受けるだけでなく、すでに子どもさんを通わせている先輩の保護者から生の情報を得ることも大切です。

恥ずかしがらずに、さあ、勇気を出して就学予定先の門をたたいてみましょう。学校側は案外こうした見学訪問を待っているものです。

なお、学校訪問は入学時に限られていませんので、就学前の幼稚園や保育所の年少組・年中組の早い時期から（また、就学させた後にも）、何度も出かけることをおすすめします。

③ 複数の目で育もう

現状では、就学にあたって「二重在籍」が許されていませんので、通常の学級（通級指導を含む）、特別支援学級、特別支援学校からいずれかひとつを選ばなければなりません。その際、保護者が陥りがちなのが「貧しい選択」という落とし穴です。完璧といえる障がい児の教育機関がないにもかかわらず、不十分なままに「よりましな」いずれかひとつを選択することに甘んじなければならないのでしょうか。

たとえ話をしてみましょう。もともと近視であった人が歳をとって老眼になりました。そこでメガネ屋さんに出かけました。近視用のメガネのほかに新たに老眼鏡を買おうとしたら、「どちらかひとつしか売れない」と店主が強情を張ります。いずれかひとつでは日常生活に不便をきたします。「両方を使いたい」という願いは、何もぜいたくなものではなく、ハンディを補ううえで当然のことといえましょう。

「貧しい選択」システムに対して、私は、「豊かな連携」を創造していくことが重要であるし、それが可能であると考えています。通常の学級――特別支援学級――特別支援学校の有機的な連携を築くことによって、就学先としては当面いずれかひとつを選ぶしかないとしても、その不備をできるだけ補い、改善していく方策を見いだすことができるからです。ですから、就学の過程では、居住地校から特別支援学校まで可能な限り多くの関係者と知りあって、手を結ぶことが大切です。

わが子が、居住地校に就学しても専門的な経験をもつ特別支援学校の先生から見守られている。また、特別支援学校に就学してもともに育ちあう関係をつくるべき居住地校ともかかわりがある。つまり、一人ひとりの障がい児を、どこに学んでいようとも〝複数の目〟で見守り、育んでいくことが、いま求められているのではないでしょうか。

1　教育を受ける権利

九年間の義務教育保障、さらには高校・高等部段階を含む一二年間の学校教育保障は、いまや日本においては当たり前のことになっています。ところで、義務教育の「義務」とは、いったい誰のどのような義務なのでしょうか。子どもたちの「教育を受ける義務」でしょうか。少しむずかしいのですが、義務教育を定めた日本国憲法（一九四六年一一月三日公布、四七年五月三日施行）と教育基本法（二〇〇六年一二月二二日改定公布・施行）をみてみましょう。

日本国憲法（※傍線引用者）

第二十六条　すべて国民は、法律の定めるところにより、その能力に応じて、ひとしく教育を受ける権利を有する。

② すべて国民は、法律の定めるところにより、その保護する子女に普通教育を受けさせる義務を負ふ。義務教育は、これを無償とする。

教育基本法（※傍点引用者）

第二章　教育の実施に関する基本

（義務教育）

第五条　国民は、その保護する子に、別に法律で定めるところにより、普通教育を受けさせる義務を負う。
2　義務教育として行われる普通教育は、各個人の有する能力を伸ばしつつ社会において自立的に生きる基礎を培い、また、国家及び社会の形成者として必要とされる基本的な資質を養うことを目的として行われるものとする。
3　国及び地方公共団体は、義務教育の機会を保障し、その水準を確保するため、適切な役割分担及び相互の協力の下、その実施に責任を負う。
4　国又は地方公共団体の設置する学校における義務教育については、授業料を徴収しない。

「教育を受ける義務」などというものはどこにも見あたりません。障がい児を含めて国民は、「教育を受ける権利」をもっているのです。子どもたちは一人ひとりが権利の主体者なのです。

その権利を保障するために、保護者に「就学させる義務」が、教育行政に学校設置や義務教育無償制度などの「義務教育の機会を保障し、その水準を確保する責任」が課されているのです。義務教育の「義務」とは、保護者側と教育行政側の義務なのです。

義務教育に対するこうした正しい認識は、就学を考えるうえで、親の判断のあり方・教育行政の施策のありようを示してくれます。

就学について、行政側が「障害の種類と程度」のみにもとづいて機械的・一方的に就学先を決定することは適切ではありませんが、一方、保護者が自らの思いつきや世間体を気にした見栄《みえ》から就学先を判断することも正しくありません。あくまで、権利主体である子どもを中心に考えていかなくてはなりません。保護者の責任は重く、判断は慎重であるべきです。しかし、まさしく「言うは易く、行うは難し」。わが子にとって本当に望ましい就学とは何か、悩めるところです。

2 「障害」による差別の禁止

こうした悩みに対して、一九八九年一一月二〇日に国連総会で採択され（二〇カ国の批准を待って翌年の九月に効力が発生）、一九九四年にわが国でも発効した「子どもの権利条約」が、障がい児の権利保障の方向を指し示してくれています。同条約を含む人権に関する国際条約は、条約に沿う形で国内法の整備を要請し、また国内法の不十分性を補う形で効力を発揮します（「コラム　就学と国籍」〔二七頁〕で述べた外国人の「教育を受ける権利」の保障が一例）。

「子どもの権利条約」の歴史的な位置

この条約は、前文と三部五四条からなっています。まず、前文では、条約の歴史的な位置づけが書かれています。

この「子どもの権利条約」は、これまでの人類の多年にわたる人権確立の歩みのうえにあります。ですから、まず第一に、人権の全般にかかわる国際連合憲章（一九四五年）、世界人権宣言（一九四八年）、国際人権

Column

本人・保護者の意向尊重

一九〇〇年、スウェーデンの女性評論家エレン・ケイ（Ellen Key）はきたる二〇世紀への希望をこめて『児童の世紀』という書物を出版しました。その「児童の世紀」にふさわしく、二〇世紀中に、人類は「子どもの権利条約」という国際法を手にしました。しかし、二一世紀に入ったいまも、発展途上の国ばかりでなく先進国といわれる国も含めて、「児童の世紀」とはいいがたいような状況がまだまだ多く残されています。逆にいえば、子どもの権利保障の実情は、「子どもの権利条約」を定めなければならないほどに依然として貧困であることを示しています。

同条約について、日本はようやく一九九四年四月にいたって批准手続きを完了し、翌五月に日本国内でも発効しました。

条約発効後は、条約の精神にもとづいて法制度や行政施策も改善しなければなりません。車イスの少女が町立中学校への就学を求めて争った訴訟（仮の義務付け申立事件、奈良地裁、二〇〇九年六月二六日民事部判決）は、本人・保護者らが「中学校への就学を強く希望している」ことも考慮して、就学校として町立中学校を指定することの仮の義務付けを求める申立てを認めています。

その後、障害者権利条約の批准に向けた動向を背景として、障害者基本法の二〇一一年改正で「障害者である児童及び生徒並びにその保護者に対し十分な情報の提供を行うとともに、可能な限りその意向を尊重しなければならない」（第十六条第二項）との新規定が盛り込まれ、中央教育審議会の二〇一二年インクルーシブ教育報告では「本人・保護者の意向を可能な限り尊重する」との記述が入り、学校教育法施行令改正に伴う二〇一三年通知においては「保護者の意見については、可能な限りその意向を尊重しなければならないこと」（二五文科初第六五五号通知）という留意事項が明示されるに至ります。

規約（一九六六年）などの国際法との関係において理解される必要があります。

同時に、「子どもの権利」の保障に関するこれまでの独自の蓄積のうえにも正しく位置づけて理解する必要があります。この点、前文では、世界で初めての国際的な「子どもの権利宣言」とされている「国際連盟・子どもの権利宣言（ジュネーブ宣言）」（一九二四年）にまでさかのぼって言及しています。そして、より直接的に関係のある「国際連合・子どもの権利宣言」（一九五九年）に関しては、「一一月二〇日」とわざわざその採択の月日まで明記して、「子どもの権利条約」がその三〇周年にあたる年のしかも同じ日に採択された意義を明確にしています。なお、一九八九年は「人権宣言」で知られるフランス革命二〇〇周年でもありました。

条約と宣言の最大の違いは、条約は批准《ひじゅん》した国に対して法的な拘束力をもつということです。障がい児を含めた「子どもの権利」が、国際法上初めて、法的な拘束力をもつ条約となったのです。しかも、今回の条約は、三〇年前の「子どもの権利宣言」の単なる条約化ではありません。のちにくわしく述べますが、宣言をさらに今日的に発展させた内容となっています。

「子ども」の定義

条約は、まず第一条で、「子どもとは、一八歳未満のすべての者をいう」と規定しています。

これまで、「子ども」をどのように定義するかという点に関しては、国際的にも国内的にも多様な意見がありました。その点、条約は、「暦年齢」によって定義づけたという第一の特徴をもっています。

そして、第二には、「一八歳未満」と「子ども」の終期を示したことによって、逆にいえば、「一八歳以上のすべての者」は「大人」であると定義づけたのです。この定義に例外規定はありません。したがって、知的発達に遅れのある障がい児、医療的ケアの必要な児、重症心身障がいとされる子も、「すべて」を含みます。

なお、「子ども」の始期については、明確な定義はおこなわれていません。しかし、前文九段に「出生前後に」という言及があることから、「出生前」を含む方向にあることが推定できます（出生前のどの時期かということについては、優生診断、人工妊娠中絶と障がい児の「生きる権利」との関係など、微妙でかつ複雑な問題をなお残している）。

「障害」による差別の禁止

差別禁止の事由として、日本国憲法に書かれているのは「人種、信条、性別、社会的身分又は門地」（第十四条）であり、教育基本法では加えて「経済的地位」（第四条）が掲げられています。そして、戦後当時にはまだ差別禁止事由として認識されていなかった「障害（ディスアビリティ＝能力不全）」が、能力による競争を基本原理とする資本主義国を含めた採択によって、まず子どもに関して国際条約に初めて明記されたのです。画期的なことであります。

子どもの権利条約　第二条（※傍線引用者）

1　締約国は、その管轄内にある子ども一人一人に対して、子どもまたは親もしくは法定保護者の人種、皮膚の色、性、言語、宗教、政治的意見その他の意見、国民的、民族的もしくは社会的出身、財産、障害、出生または その他の地位にかかわらず、いかなる種類の差別もなしに、この条約に掲げる権利を尊重しかつ確保する。

2 （略）

（「子どもの権利条約」の条文は、国際教育法研究会の翻訳によりました。永井憲一編『別冊法学セミナー　基本法コンメンタール　教育関係法」日本評論社、一九九二年』）。

障がい児およびその保護者は、「障害による差別はいっさい許されないのだ」と胸を張って、子どもの権利の無差別・平等保障を求めることができます。まずは、このことに確信をもっていただきたいと思います。「人権とはプライドだ！」と語った人がいましたが、人権保障とは、障がいの有無にかかわりなく、まさに人間としての尊厳を主張し、確立していく営みだといえるでしょう。

3　障がい児の「特別なケア」への権利

しかし、権利の無差別平等保障を規定しているからといって、「子どもの権利条約」は、障がい児に対して何の配慮もない機械的な一律平等を要請しているのではありません。

特別なケアへの権利

これまでも、子どもの権利一般に加えて、障がい児にはそのもつ困難ゆえに特別な権利を認める方向にありました。

児童憲章（一九五一年、日本）第十一項（※傍線引用者）

すべての児童は、身体が不自由な場合、または精神の機能が不充分な場合に、適切な治療と教育と保護が与えられる。

子どもの権利宣言（一九五九年、国連）第五条（※傍線引用者）

身体的、精神的または社会的に障害のある児童は、その特殊な事情により必要とされる特別の治療、教育及び保護を与えられなければならない。

障がい児には、特別かつ適切な治療と教育と保護とが、統一的・総合的に保障されるべきなのです。こうした考えに立って、「子どもの権利条約」では障がい児の「特別なニーズ（special needs）」を認め、「特別なケアへの権利（the right of the disabled child to special care）」を定めています。

子どもの権利条約 第二十三条（※傍線引用者）

1　締約国は、精神的または身体的に障害を負う子どもが、尊厳を確保し、自立を促進し、かつ地域社会への積極的な参加を助長する条件の下で、十分かつ人間に値する生活を享受すべきであることを認める。

2　締約国は、障害児の特別なケアへの権利を認め、かつ、利用可能な手段の下で、援助を受ける資格のある子どもおよびその養育に責任を負う者に対して、申請に基づく援助であって、子どもの条件および親または子どもを養育する他の者の状況に適した援助の拡充を奨励しかつ確保する。

3　障害児の特別なニーズを認め、2に従い拡充された援助は、親または子どもを養育する他の者の財源を考慮しつつ、可能な場合にはいつでも無償で与えられる。その援助は、障害児が可能なかぎり全面的な社会的統合ならびに文化的および精神的発達を含む個人の発達を達成することに貢献する方法で、教育、訓練、保健サービス、リハビリテーションサービス、雇用準備およびレクリエーションの機会に効果的にアクセスしかつそれらを享受することを確保することを目的とする。

4　締約国は、国際協力の精神の下で、障害児の予防保健ならびに医学的、心理学的および機能的治療の分野における適当な情報交換を促進する。その中には、締約国が当該分野においてその能力および技術を向上させ、かつ経験を拡大することを可能にするために、リハビリテーション教育および職業上のサービスの方法に関する情報の普及およびそれへのアクセスが含まれる。この点については、発展途上国のニーズに特別な考慮を払う。

障がい児に保障されるべきケアとして、「子どもの権利宣言」では「特別の治療、教育及び保護」とされていましたが、「子どもの権利条約」では、「特別なケア」は国際協力も含めて「利用可能な手段の下で、拡充された援助」として幅広く予定されています。具体的には、「教育、訓練、保健サービス、リハビリテーションサービス、雇用準備およびレクリエーションの機会」などが例示されています。

なお、「特別なケアの権利」ではなく「特別なケアへの権利」としていることから、受動的な権利享受の立場ではなく、より能動的な権利行使の立場を意味していると読みとることもできます。

ノーマライゼーションと発達保障の統一

「特別なケアへの権利」の保障に際しての、めざされるべき理念や原則が明示されたことも、大きな特徴点です。

具体的には、「特別なケアへの権利」を第二項で規定するのにさきだって、障がい児は「尊厳を確保し、自立を促進し、かつ地域社会への積極的な参加を助長する条件の下で、十分かつ人間に値する生活を享受すべきである」とした第一項を設けた点にみられます。また、第三項においても、「可能なかぎり全面的な社会的統合ならびに文化的および精神的発達を含む個人の発達を達成することに貢献する方法で」（傍線引用者）という文言《もんごん》がおかれています。

第二十三条は、「子どもの権利宣言」から「子どもの権利条約」にいたるまでの三〇年間における、障がい者（児）の権利保障に関する国際的動向のうえにも適切に位置づけて理解されるべきでしょう。私たちは、国連の提唱した「国際障害者年」とそれに引き続く「国連・障害者の一〇年」の「完全参加と平等」という基本テーマに留意しなければなりません。第二十三条には、「ノーマライゼーション」の理念が明確に示されています。同時に、第六条の「締約国は、子どもの生存および発達を可能なかぎり最大限に確保する」（第二項）を受けて、発達の保障も明示されています。ノーマライゼーションと発達保障とは、相矛盾するものではなく、統一的に追求・達成されるべきものなのです。

権利の総合保障

統一的な保障に関連して、障がい児の「特別なケアへの権利」は、さらに二重の意味において「総合的」でなければなりません。

まず第一に、保障される「特別なケア」そのものが択一的ではなく総合（統合）的でなければなりません。それは、すでに述べたように「特別なケア」として幅広い援助が想定されており、かつ、例示されている援助のすべてが「または（or）」ではなく「および（and）」という接続詞で結ばれていることに表されています。加えていうならば、「特別なケア」は（可能な限り）無償でなければなりません。

第二に、障がい児の「特別なケアへの権利」は、条約に規定された子どもの諸権利とともに総合（相補）的に保障されなければなりません。一九七五年に国連（第三〇回総会）で採択された「障害者の権利宣言」において、障がい者は「同年齢の市民と同等の基本的権利を有する」（第三項）と定められていることをただちに想起すべきでしょう（「国際障害者デー」の一二月三日からこの「障害者の権利宣言」の採択された一二月九日までの一週間が日本でも「障害者週間」と定められている）。当然のことながら、「子どもの権利条約」に規定されている「子ども」には、すべて障がい児を含んでいるのです。したがって、障がい児の「特別なケアへの権利」は子どもの基本的権利に付加されるものであり、ともに補いあって統一的に追求・達成されなければならないものなのです。

特別の困難をもつ普通の子ども

このように、「子どもの権利条約」は、「子ども」一般の諸権利に加えて、とくに「障害児の権利」の条項（第二十三条）を独立させて設けました。「子どもの権利宣言」の時点で特別な権利が規定されていたのは、障がい児と「家庭のない児童及び適当な生活維持の方法のない児童」のみでした。これに対して、「子どもの権利条約」では、特別な権利の規定対象が増加しています。すなわち、障がい児のほかに、「家庭環境を奪われた子ども」（第二十条）、「難民の子ども」（第二十二条）、「マイノリティ・先住民の子ども」（第三十条）などです（九九頁、図10）。これらの子どもに関しては、一般的な子どもの権利規定では充足できない特別な権利を確認する方向にあるわけです。

しかし、これらの特別な権利は排他的な特権の意味ではありません。障がい児に関していえば、「障害者は、地域社会の他の人々とは異なるニードをもつ特別の人々としてではなく、その普通の人間的ニードを満たすうえで特別の困難をもつ普通の市民と見なすべきである」（一九七九年、国連第三四回総会採択「国際障害者年行動計画」第六三項、八木英二『国際障害者年』青木書店、一九八〇年所収）という指摘の重要性を再確認することが必要です。

ノーマライゼーションと発達保障の統一保障、諸権利・諸サービスの総合保障の原則に照らして、障がい児の「特別なニーズ」の意味が深められなければなりませんし、保障される「特別なケア」そのものの内容や質も十分に検討されなければならないのです。

4 「豊かな連携」を築こう

日本においても、教育、福祉、医療など、必要な諸サービスが総合的・統合的に保障されるように縦割《たてわり》行政の弊害を改めていかなければなりません。また、就学に際して、通常の学級——特別支援学級——特別支援学校の間で「貧しい選択」を強いている択一システムについても、重複在籍の認可など大胆に見直しを進めていく必要があるでしょう。さらに、乳幼児期からの通所型ケア機関をきめ細かく整備・充実することによって、障がい児を不必要に家庭や地域社会から分離することのないように努めなければなりません。

通常の教育に積み上げる「特別ニーズ教育」の新概念

このことは、「教育を受ける権利」の保障においても大切にされなくてはなりません。障がい児は、障がいをもつがゆえに必要とされる「特別な教育的ケア」を受ける権利をあわせて有しているのです。

今後、私たちは、教育法制上、学んでいる教育機関にかかわりなく、障がいを有するがゆえに「特別な教育的ニーズ」をもつ子どもを「障がい児」と、新しく概念規定すべきでしょう。その際、「特別な教育的ニー

図8　通常の教育に積み上げる「特別ニーズ教育」の新概念（イメージ図）

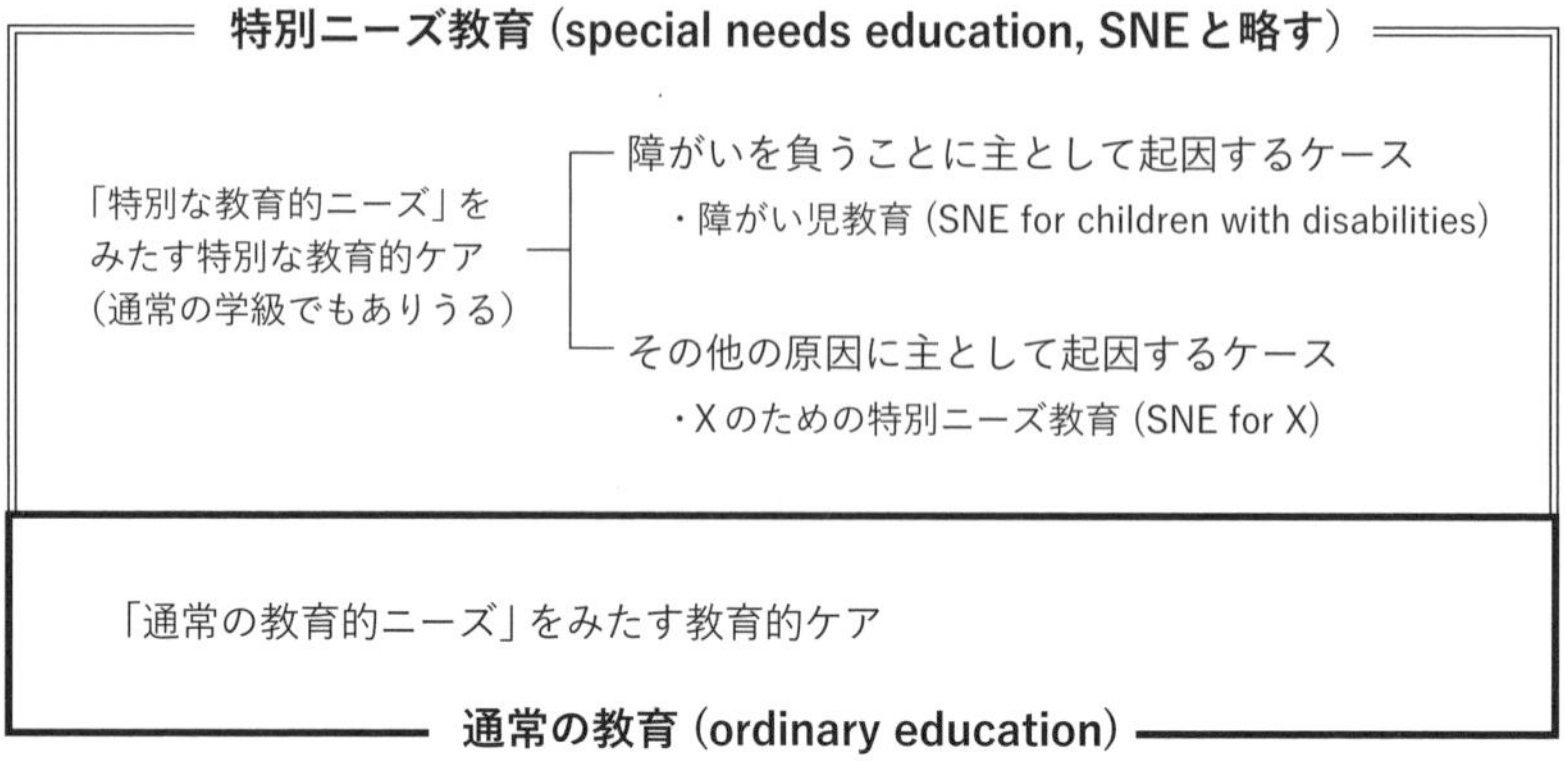

「通常の教育」の上に「特別ニーズ教育」を積み上げることによって従来の択一システムを統合型に転換することを示す

ズ」とは、現在の学校教育の科学的・民主的な蓄積と到達に立ってなお、子どもの全面的な能力および人格の発達を保障するために、通常の教育において一般的におこないうる教育的配慮にとどまらず、特別なカリキュラムの準備、教育施設・設備の整備、教材・教具の開発、そのほかの付加的な人的・物的・技術的な諸条件の整備を必要とするものです。そして、「特別な教育的ニーズ」をみたす「特別な教育的ケア」を「特別ニーズ教育」と総称し、「通常の教育」と並行して「特別ニーズ教育」が利用できる新しいシステムを導入してはどうでしょうか。なお、「特別ニーズ教育」のうち、障がいを負うことに起因する「特別な教育的ニーズ」をみたす「特別な教育的ケア」が、「障がい児教育サービス」にあたります。

二〇〇七年度から正式に開始された特別支援教育は「障がいを負うことに主として起因するケース」を法制上は対象としていますので、上のイメージ図の「障がい児教育」を特別支援教育と置き換えることも可能です。

これに対して、不登校・被虐待・非行・貧困問題などへの対応、外国ルーツの子どもや帰国子女などを含むのが「特別ニーズ教育」です。

なお、イメージ図では、「通常の教育」の上に「特別ニーズ教育」を積み上げることによって従来の択一システムを統合型に転換することを示すとともに、「スペシャル」の訳語として例外性を強調する「特殊」を改め、手厚い配慮をイメージさせる「特別」の用語を使っています。また、これまでの「障害の種類と程度」による「障害」規定は、レッテルを貼ることはできても、どのような「特別な教育的ニーズ」を有しているのかまでは明らかにしていませんでした。「障害の種類や程度」が相似していても、「特別な教育的ニーズ」は一人ひとり異なっているわけですから、個々の「特別な教育的ニーズ」を把握し、個々にふさわしい「特別な教育的ケア」を保障することが肝心であるということも表しています。

「豊かな連携」に気づかせてくれたクミちゃん――居住地校交流の試み

ところが、いまの日本の学校教育制度においては、障がい児への「特別な教育的ケア」は特別支援学級か特別支援学校で主に提供される建て前になっており、通常の学級においては「通級による指導」のほかはあまり想定されていません。障がい児の学びを可能にするための通常の学級の条件は、いまだ貧しいのが現状です。通常の学級への就学を希望した場合など、「希望されるのは自由ですが、学校側としてはあまり特別なことはできませんから」と念押しされたりします。早々に放棄宣言をされたようなものです。欧米では、通常の学級への単なる入れ込みを「ダンピング（投げ捨て放置）」教育と呼んで、特別な教育的ケアをともないつつ進められる「特別ニーズ教育」とは区別しています。

かといって、すでにみたように、特別支援学級も特別支援学校も完璧ではありませんでした。日本の現状において、このまま座《ざ》して待っていたのでは、三者択一的に「貧しい選択」を余儀なくされ、本当の意味での「入学おめでとう」を迎えることはできません。現行の制度のなかでも、何か工夫する方法はないのでしょうか。

そこで、三者択一的な現状を変えていく豊かな連携づくりの一例として、「居住地校交流」の試みを紹介したいと思います。

私の住んでいた鳥取県では、盲・聾・養護学校時代から、指定された小・中学校などとの交流を盛んにおこなってきました。この指定校交流に加えて、鳥取県立A養護学校では、一九八七年度から「居住地校交流」を開始しています。

その年の新入生のクミちゃんの保護者は、「養護学校に入学しても、わが子をB町の子どもとして地域のなかで育みたい」と切望していました。具体的には、クミちゃんの居住地校であり、また、統合保育をおこなっていた保育所の友だちが通うC小学校との交流の実現です。

クミちゃんの保護者は、居住地域との結びつきを深めることを養護学校への入学であきらめるのではなく、クミちゃんにとって望ましいと思ったことを、クミちゃんに代わって強く要求しました。それを保育所の職員、同じ町内の障がい児の保護者たち、鳥取県中部圏域の障がい児の親の会「のぞみ会」が応援しました。養護学校側、居住地校側および県・町双方の教育委員会も理解を示しました。そして、県下で初めての試みとして実現したのです（偶然同じ年、鳥取聾学校でも幼稚部での試みのうえに小学部で居住地校交流が始まっている）。

入学のとき、クミちゃんは、養護学校の入学式はもちろん、保育所職員から贈られた制服を着てC小学校の入学式へも出席しました。教室にはクミちゃんの机がちゃんと設けられ、下足箱もあります。そして、毎朝名前が呼ばれ、「欠席」のときは、友だちが「養護学校です」と返事をします。月一～二回の交流学習のときはもちろん出席扱いです。あさがお栽培なども、「欠席」の間は友だちが世話を代わります。

その後、A養護学校では、「居住地校交流」が希望者全員に広げられています。中学部生となったクミちゃんは、引き続いて中学校との居住地校交流を継続しました。そして、高等部を経て卒業後、地域のデイサービスに通っています。

一般的に、特別支援学校は居住地域との結びつきが弱いという弱点をもっています。したがって、居住地域に帰れば独りぼっちという問題は容易には解消されません。これに対して、「同じ地域・学級の仲間」であると位置づけた「居住地校交流」は、特別支援学校とおのおのの居住地校との日常的な連携を生み出します。なお、「居住地校交流」を含めて、「障害のある児童及び生徒と障害のない児童及び生徒との交流及び共同学習を積極的に進めること」が二〇〇四年の障害者基本法の一部改正で定められています（一〇二頁～参照）。

§参考文献　渡部昭男・山本智子「盲・聾・養護学校在籍児に係る居住地域交流」『鳥取大学教育地域科学部紀要（教育・人文科学）』三巻一号、二〇〇一年　☞ＱＲコード➡一〇〇頁。文部科学省初等中等教育局特別支援教育課『季刊特別支援教育』第二五号（特集　交流及び共同学習）、二〇〇七年

§参考情報　文部科学省「交流及び共同学習ガイド」。国立特別支援教育総合研究所「インクルＤＢ（インクルーシブ教育システム構築支援データベース）」内の「交流及び共同学習『実践事例集』」　☞ＱＲコード➡一〇〇頁

図9　支援籍とは

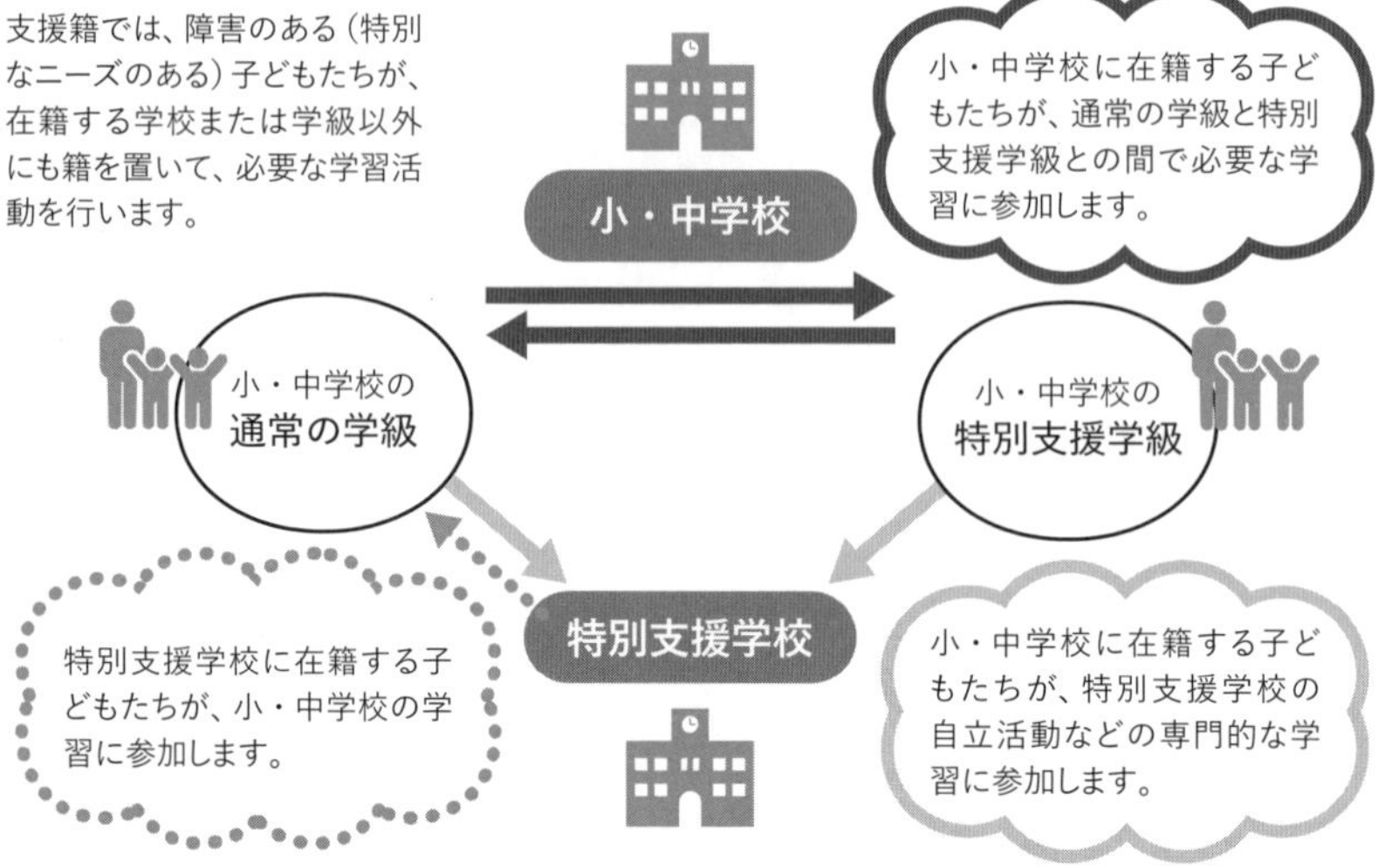

出典　埼玉県教育委員会「一人一人が輝く支援籍学習」（保護者向け支援籍リーフレット）１頁をもとに作成

☞ QRコード ➔ 100頁

「豊かな連携」を拓く重複利用のさまざまな試み

「豊かな連携」を築くうえで、法律レベルではまだ重複在籍は認められていませんが、自治体ではさまざまに重複利用の仕組みが試みられています。

特別支援学校に学ぶ障がい児の居住地校交流を推し進める仕組みとしては、東京都の「副籍（校）」、横浜市の「副学籍（校）」、札幌市の「地域学習校」などがあります。

さらに、単独では完璧といいがたい「通常の学級――特別支援学級――特別支援学校」の三者をトライアングルの関係で連携させようというのが、埼玉県の「支援籍」の試みです。特別支援学校の者に限らず、通常の学級や特別支援学級に学ぶ者を含めて、在籍する学校・学級以外の教育機関も希望に応じて利用しようとするものです。三種の学校教育機関をフルに活用する重複利用、「トリプル・スクーリング」の可能性を秘めており、未だ発展途上の試みとはいえ、興味深い仕組みです。

こうした名称がついていない形であっても、「交流及び共同学習」の活用によって、全国のいずれの自治体においても重複利用に道は開かれています。ただし、「支援籍」の課題等を探ってみると、保護者の送迎や付添い問題を解決する必要がありそうです。講義のなかで大学生に尋ねたところ、保護者に代わって送迎や付添いをおこなう支援員の配置（理想的にはスウェーデンのような当事者個人を支援するパーソナルアシスタンスの制度化［一五二頁］）、働いている保護者・家族に「交流及び共同学習」のための有給休暇を認める、といったアイデアが出されました。

§参考情報　東京都教育委員会「副籍制度」。横浜市教育委員会「副学籍による交流教育実施の手引き」。札幌市教育委員会「地域学習」、埼玉県「支援籍学習について」。文部科学省「資料6：副籍、支援籍、副学籍について」、同「（表）副籍、支援籍、副学籍について」など。☞ＱＲコード⬇一〇〇頁

5　複数の目で育もう

「就学の準備」には、①就学前教育などの取り組みのなかで、「卒園（就学）までにこんな力を身につけさせたい」といった、いわば送り出す側が子ども自身の成長・発達をたしかなものにしておく準備と、②子どもを迎える学校側の教育諸条件の整備や改善などを進めておく準備の、ふたつがあると思います。わが子を受け入れる学校側の現状を変えていくことも大切な就学の準備なのです。

そして、通常の学級――特別支援学級――特別支援学校の連携を築くなかで、一人ひとりの障がい児を複数の目で育むことが肝要です。では、どのような連携が考えられるか、さらに例示してみましょう。

第一に、特別支援学校に就学した子どもの場合、居住地校との連携を深めます。幼稚部と幼稚園・保育所との交流を毎週一～二回行ったり、その延長として毎週一回定期的に居住地校に通うという方式をとっている学校もあります。こうした居住地校交流のほかに、「新入生パネル」の贈呈もあります。特別支援学校の新入生の写真、自己紹介、自宅の地図などをパネルにして、居住地校に贈呈します。

特別支援学校の校務分掌《ぶんしょう》として「居住地校担当」をおいている学校もあります。各居住地校の担当者が、おのおの居住地校との懇談や連絡などを専門的におこない、連携を深めるのです。

逆に、居住地校のほうからのはたらきかけもあります。障がい児の家庭に居住地校のほうからも家庭訪問をおこなったり、夏休み中に居住地校のプール使用の便宜をはかったりします。夏休みの早起き会や地域子ども会などに誘うというちょっとした気配りも大切です。

こうした連携づくりは、障がい児本人だけでなく、障がい児の兄弟姉妹《きょうだい》たちを育むうえでも有効です。兄弟姉妹の担任教師、友だちとその保護者に、障がい児をまじえた家庭づくりや子育てについても理解があれば、兄弟姉妹を健やかに育むうえでプラスになるでしょう。

第二に、特別支援学級や通常の学級に就学した子どもの場合には、特別支援学校との連携を深めます。

小・中学校に通う障がい児にも、特別支援学校の専門的機能が提供されたらどんなにすばらしいでしょうか。視機能検査、聴能検査、発達診断、言語指導、身体動作指導、就修学相談、教育相談などの外来が設けられたり、自立活動の巡回指導、教材教具の作成・貸出し、寄宿舎教育の機会の提供などです。特別支援学校の教職員にわが子のことで相談にのってもらえる顔見知りがいるだけでも、心強いものです。実は、二〇〇七年から特別支援学校には幼稚園、小学校、中学校、義務教育学校、高等学校又は中等教育学校の要請に応じて、当該地域の「幼児、児童又は生徒の教育に関し必要な助言又は援助を行うよう努めるものとする」（学校教育法第七十四条）というように、地域におけるセンター的機能の役割発揮が努力義務化されました。

§参考情報　文部科学省「特別支援教育を推進するための制度の在り方について（答申）など」☞参考ウェブサイトの
ＱＲコード➡一〇〇頁

小・中学校に就学した場合に、早い時期から特別支援学校と連携しておくことは、青年期までを見とおした場合、とくにその意味が理解できます。就学時点では通常の学級や特別支援学級であっても、学年の進行や中学校・高等学校段階への進学の時点で、特別支援学校に進路を変えるケースも多いからです。

「特別支援学校か通常校か」といった「貧しい選択」のもとにおいては、「特別支援学校の先生が入学勧誘に来た」と警戒したり、「通常校の先生は冷たい」とあきらめたり、人間関係も排他的・敵対的になりがちです。しかし、「特別支援学校も居住地校も」という「豊かな連携」を築く営みのなかにおいては、「通常の学級――特別支援学級――特別支援学校の教職員とのネットワーク」は貴重な財産となります。そのような協同的な関係のなかでこそ、教育諸条件の整備を進める権利保障運動も前進するものと期待されます。こうした新しい動向については、次章でさらにくわしく述べます。

Column

子どもの発達と意見表明権

「子ども」は一八歳になったとたんに「大人」に変身するわけではありません。この点、従来から「子ども固有の権利」として「発達への権利」という観点が重視されてきました。しかし、成長・発達の過程にあるということが、法的な責任能力において未成熟であることとして限定的に解釈されがちでした。「子どもは権利の主体者である」といいながらも、「保護の対象（客体）」、または「権利の享受主体」として位置づけられることが多かったと思われます。

これに対して、子どもの権利条約は、「子ども」自身を「権利の行使主体」としても位置づけています。具体的には、第一に、「子どもの権利」が、従来の「保護」を中心としたものから大きく広げられています。一九六六年に国連で採択された国際人権規約では、実に多くの経済的、社会的および文化的権利、ならびに市民的および政治的権利が網羅されていました。これらの人権のうち、参政権のような政治的権利を除くほとんどすべての権利が、「子どもの権利条約」に登場しています（図7）。「表現・情報の自由」（第十三条）、「思想・良心・宗教の自由」（第十四条）、「結社・集会の自由」（第十五条）など、「子どもも人権を有する」という観点からすれば当然の権利とはいえ、従来の感覚で読むとドキッとさせられるのではないでしょうか。

第二に、諸権利を主体的に行使しうるよう、「子ども」自身が意見を表明し、その意見が考慮される権利（意見表明権、第十二条）や、親などが「子どもの能力の発達と一致する方法で適当な指示および指導を行う責任、権利および義務」（第五条）を認めています。法的責任においても、成長・発達の過程にあることを積極的に位置づけ直したといえましょう。すなわち、「子ども」のころから主体的に権利行使することによってこそ、真の意味での権利主体に成長しうるのだという思想が読みとれます。

図10　子どもの権利条約

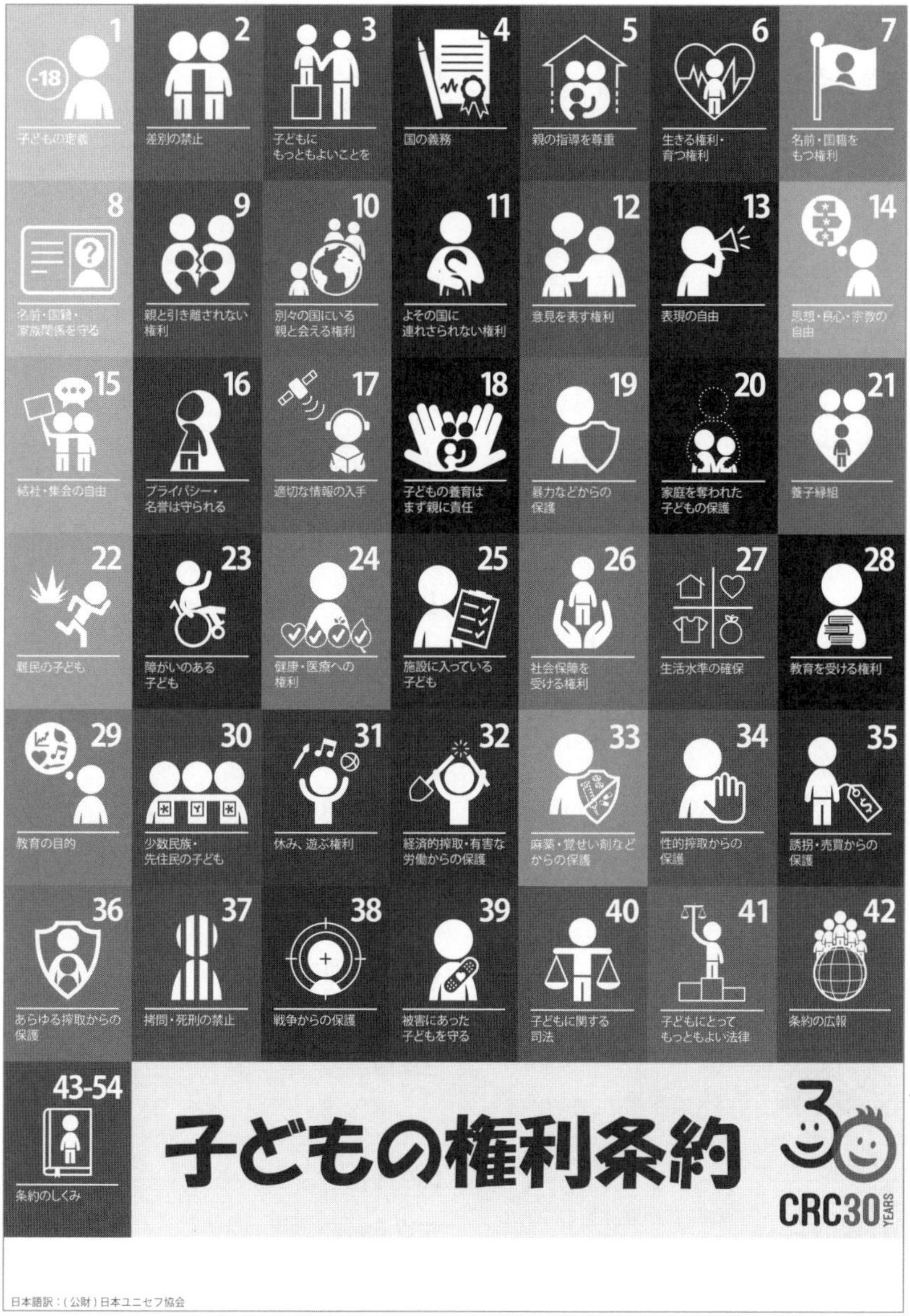

出典　子どもの権利条約ポスター（ユニセフ）。日本ユニセフ協会のウェブサイトでもくわしく解説されています。 ☞QRコード ➔ 100頁

【93頁】

渡部昭男・山本智子「盲・聾・養護学校在籍児に係る居住地域交流」『鳥取大学教育地域科学部紀要（教育・人文科学）』三巻一号、二〇〇一年。

文部科学省「交流及び共同学習ガイド」

国立特別支援教育総合研究所「インクルDB（インクルーシブ教育システム構築支援データベース）」内の「交流及び共同学習『実践事例集』

【95頁】

東京都教育委員会「副籍制度」

横浜市教育委員会「副学籍による交流教育実施の手引き」

札幌市教育委員会「地域学習」

埼玉県「支援籍学習について」

【95頁】

埼玉県教育委員会「一人一人が輝く支援籍学習」（保護者向け支援籍リーフレット）１頁

文部科学省「資料６：副籍、支援籍、副学籍について」

文部科学省「（表）副籍、支援籍、副学籍について」

【97頁】

文部科学省「２．特別支援教育のセンター的機能について」

文部科学省「資料２：特別支援学校のセンター的機能の具体例」

文部科学省「平成27年度特別支援学校のセンター的機能の取組に関する状況調査について」

【99頁】

日本ユニセフ協会

④ 特別支援教育を活用しよう

1　新しい動き

特別支援教育法制が二〇〇七年に始まる前後に、つぎのような三つの新しい動きがありました。

(1) 障害者基本法――国および地方公共団体の三つの義務

障害者基本法の一部改正（二〇〇四年）において、国および地方公共団体に対して、教育にかかわる三つの義務が明記されました（第十四条）。三つの義務が総合的に果たされることが重要です。

① 障害者が、その年齢、能力及び障害の状態に応じ、十分な教育が受けられるようにするため、教育の内容及び方法の改善及び充実を図る等必要な施策を講じなければならない。

② 障害者の教育に関する調査及び研究並びに学校施設の整備を促進しなければならない。

③ 障害のある児童及び生徒と障害のない児童及び生徒との交流及び共同学習を積極的に進めることによって、その相互理解を促進しなければならない。

(2) 改定教育基本法――障害のある者への教育上必要な支援

教育基本法の改定（二〇〇六年）において、「国及び地方公共団体は、障害のある者が、その障害の状態に応じ、十分な教育を受けられるよう、教育上必要な支援を講じなければならない。」（第四条第二項）が新設されました。国会審議からその真意（立法者意思）を探ると、次のように要約されます。

① 第一項の差別禁止事由に「障害」の二文字はないが、「明示されていなくても障害の有無による差別は禁止されている」というのが政府見解である。

② 「障害のある者」とは、子どもと大人の双方について、「（障害により）教育を行ううえで特別の支援を必要とする者」を広く含んだ表現である。

③ 「一人一人の状態に応じて」さらには「一人一人の（多様な）ニーズに応じて」、十分な教育を受けられるよう、それぞれに「きめ細かい配慮をする」ことである。

④ 「障害のある者」を差別的に取り扱わないだけでなく、「国及び地方公共団体が積極的に必要な支援を講ずる旨を義務づける」ものである。

§参考文献　渡部昭男『格差問題と「教育の機会均等」』日本標準、二〇〇六年。渡部昭男「教育基本法改定と特別支援教育」『ＳＮＥジャーナル』第一三巻第一号（日本特別ニーズ教育学会編、文理閣）二〇〇七年。

(3) 障害者権利条約――インクルーシブ教育＆合理的配慮

二〇〇六年に国連で採択された障害者権利条約（二〇〇八年五月発効）について、日本政府は、「障害者の人権及び基本的自由の完全な実現を確保し、促進するうえで重要な意義を有している」として二〇〇七年九月に署名しました。そして、二〇一四年に批准して同条約は日本でも効力をもつに至りました。特別支援教育法制は、批准に向けてとりわけ第二十四条の教育規定にかかわって「インクルーシブ（包容）教育」および個々人に必要な「合理的配慮」について、国内法の整備や施策の推進が期待されるなかでスタートしました。

障害者の権利に関する条約（※傍線引用者）

第二十四条　教育

1　締約国は、教育についての障害者の権利を認める。締約国は、この権利を差別なしに、かつ、機会の均等を基礎として実現するため、障害者を包容するあらゆる段階の教育制度及び生涯学習を確保する。当該教育制度及び生涯学習は、次のことを目的とする。

(a) 人間の潜在能力並びに尊厳及び自己の価値についての意識を十分に発達させ、並びに人権、基本的自由及び人間の多様性の尊重を強化すること。

(b) 障害者が、その人格、才能及び創造力並びに精神的及び身体的な能力をその可能な最大限度まで発達させること。

(c) 障害者が自由な社会に効果的に参加することを可能とすること。

2　締約国は、1の権利の実現に当たり、次のことを確保する。

(a) 障害者が障害に基づいて一般的な教育制度から排除されないこと及び障害のある児童が障害に基づいて無償のかつ義務的な初等教育から又は中等教育から排除されないこと。

(b) 障害者が、他の者との平等を基礎として、自己の生活する地域社会において、障害者を包容し、質が高く、かつ、無償の初等教育を享受することができること及び中等教育を享受することができること。

(c) 個人に必要とされる合理的配慮が提供されること。

(d) 障害者が、その効果的な教育を容易にするために必要な支援を一般的な教育制度の下で受けること。

(e) 学問的及び社会的な発達を最大にする環境において、完全な包容という目標に合致する効果的で個別化された支援措置がとられること。

3 締約国は、障害者が教育に完全かつ平等に参加し、及び地域社会の構成員として完全かつ平等に参加することを容易にするため、障害者が生活する上での技能及び社会的な発達のための技能を習得することを可能とする。このため、締約国は、次のことを含む適当な措置をとる。

(a) 点字、代替的な文字、意思疎通の補助的及び代替的な形態、手段及び様式並びに定位及び移動のための技能の習得並びに障害者相互による支援及び助言を容易にすること。

(b) 手話の習得及び聾《ろう》社会の言語的な同一性の促進を容易にすること。

(c) 盲人、聾《ろう》者又は盲聾《ろう》者（特に盲人、聾《ろう》者又は盲聾《ろう》者である児童）の教育が、その個人にとって最も適当な言語並びに意思疎通の形態及び手段で、かつ、学問的及び社会的な発達を最大にする環境において行われることを確保すること。

4 締約国は、1の権利の実現の確保を助長することを目的として、手話又は点字について能力を有する教員（障害のある教員を含む。）を雇用し、並びに教育に従事する専門家及び職員（教育のいずれの段階において従事するかを問わない。）に対する研修を行うための適当な措置をとる。この研修には、障害についての意識の向上を組み入れ、また、適当な意思疎通の補助的及び代替的な形態、手段及び様式の使用並びに障害者を支援するための教育技法及び教材の使用を組み入れるものとする。

5 締約国は、障害者が、差別なしに、かつ、他の者との平等を基礎として、一般的な高等教育、職業訓練、成人教育及び生涯学習の機会を与えられることを確保する。このため、締約国は、合理的配慮が障害者に提供されることを確保する。

（外務省訳 ☞ 掲載ウェブサイト）

2 特別支援教育法制の特色

特別支援教育は、二〇〇七年度から正式の法制となりました。二〇〇七年を特別支援教育の「法制元年」ともいいます。子どもたちを複数の目で育むには、この新しい法制をよく知ったうえで十二分に活用することが肝要です。

「発達障害児」への支援

特別支援教育法制に転換した当時の図「特別支援教育の対象の概念図」（左頁）をご覧ください。「特別支援学校」「特別支援学級」「通級による指導」をあわせた「従来の特殊教育」にほぼ該当する部分に加えて、通常の学級に学ぶ「ＬＤ・ＡＤＨＤ・高機能自閉症等」が新しく対象となったことがわかります。これまで放置されてきた「発達障害児」にも支援をおこなおうというのが、特別支援教育の大きな特色です。

「発達障害」について、文部科学省は表４（一〇九頁）のような定義をベースとしていました。「軽度発達障害」といういい方も一時《いっとき》ありましたが、二〇〇七年の文書（平成一九年三月一五日付文部科学省初等中等教育局特別支援

図11　特別支援教育の対象の概念図〔義務教育段階〕(2007年)

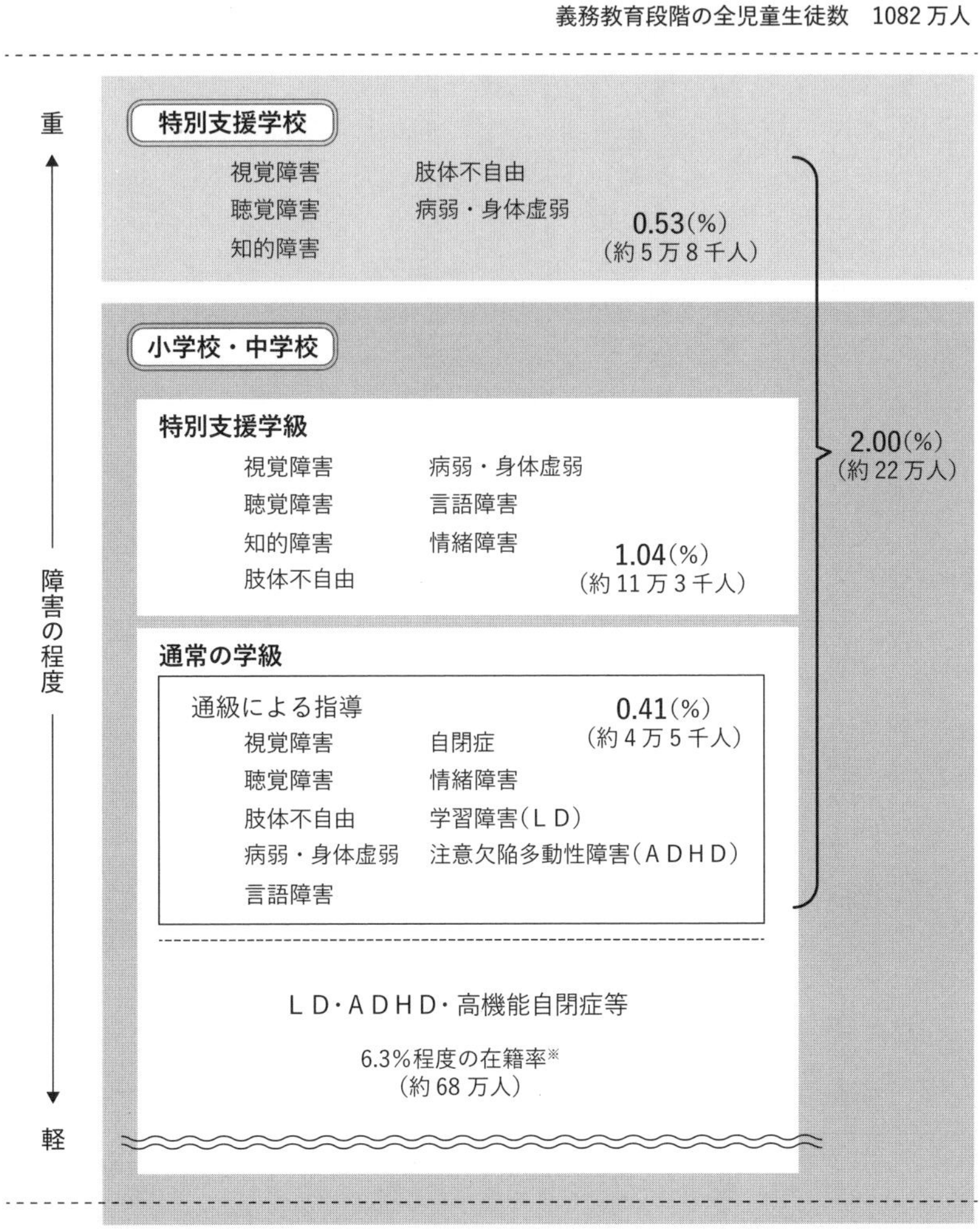

※この数値は、2004年に文部科学省が行った調査において、学級担任を含む複数の教員により判断された回答に基づくものであり、医師の診断によるものでない。(※を除く数値は2007年5月1日現在)
＊2019年度については145頁を参照のこと

出典　文部科学省ＨＰの「特別支援教育」サイトにある図をもとに内閣府『平成20年版障害者白書』の2007年データにより筆者が修正して作成

教育課「『発達障害』の用語の使用について」において「その意味する範囲が必ずしも明確ではないこと等の理由」から、特別支援教育課は「原則として使用しない」ことを明らかにし「軽度」の二文字を除きました。

小・中学校の通常学級に学ぶ「発達障害児」は、義務教育年齢の子どもの約六・三%と推計されています（二〇〇二年調査／一〇年後の二〇一二年調査による推計値は六・五%）。特別支援学校・特別支援学級が約一・六%（二〇〇七年度）ですから、合わせた八%程度が当時の推計で特別支援教育の対象となります。さらに、文部科学省の図から抜け落ちている通常学級に学ぶ障がい児で通級指導を受けていない者を加えると、特別支援教育の対象はおよそ一〇%（一割）ともいわれています。

「発達障害児」への支援や対応は、二〇〇四年に公布された発達障害者支援法（平成一六年法律第一六七号）が大きな根拠となっており、同法施行令（平成一七年政令第一五〇号）や同法施行規則（平成一七年厚生労働省令第八一号）を含めて理解しておく必要があります。法の趣旨や概要を簡潔に示したものとしては、二〇〇五年四月一日付の通知「発達障害者支援法の施行について」（一七文科初第一六号・厚生労働省発障第〇四〇一〇〇八号、文部科学事務次官と厚生科学労働事務次官の連名）があります。

この通知は、教育についての法の趣旨を、「国、都道府県及び市町村が、発達障害児……がその障害の状態に応じ、十分な教育を受けられるようにするため、適切な教育的支援、支援体制の整備その他の必要な措置を講じるものとすること。／また、大学及び高等専門学校は、発達障害者の障害の状態に応じ、適切な教育上の配慮をするものとすること。（法第八条関係）」と要約しています。

その後、乳幼児期から高齢期までの切れ目のない支援などを盛り込んだ二〇一六年の発達障害者支援法の

表4　主な発達障害の定義について

自閉症の定義（Autistic Disorder）

（2003年3月の「今後の特別支援教育の在り方について〔最終報告〕」参考資料より作成）

自閉症とは、3歳位までに現れ、①他人との社会的関係の形成の困難さ、②言葉の発達の遅れ、③興味や関心が狭く特定のものにこだわることを特徴とする行動の障害であり、中枢神経系に何らかの要因による機能不全があると推定される。

高機能自閉症の定義（High-Functioning Autism）

（2003年3月の「今後の特別支援教育の在り方について〔最終報告〕」参考資料より抜粋）

高機能自閉症とは、3歳位までに現れ、①他人との社会的関係の形成の困難さ、②言葉の発達の遅れ、③興味や関心が狭く特定のものにこだわることを特徴とする行動の障害である自閉症のうち、知的発達の遅れを伴わないものをいう。 また、中枢神経系に何らかの要因による機能不全があると推定される。

学習障害（LD）の定義（Learning Disabilities）

（1999年7月の「学習障害児に対する指導について〔報告〕」より抜粋）

学習障害とは、基本的には全般的な知的発達に遅れはないが、聞く、話す、読む、書く、計算する又は推論する能力のうち特定のものの習得と使用に著しい困難を示す様々な状態を指すものである。 学習障害は、その原因として、中枢神経系に何らかの機能障害があると推定されるが、視覚障害、聴覚障害、知的障害、情緒障害などの障害や、環境的な要因が直接の原因となるものではない。

注意欠陥／多動性障害（ADHD）の定義（Attention-Deficit/Hyperactivity Disorder）

（2003年3月の「今後の特別支援教育の在り方について〔最終報告〕」参考資料より抜粋）

ADHDとは、年齢あるいは発達に不釣り合いな注意力、及び／又は衝動性、多動性を特徴とする行動の障害で、社会的な活動や学業の機能に支障をきたすものである。 また、7歳以前に現れ、その状態が継続し、中枢神経系に何らかの要因による機能不全があると推定される。

※アスペルガー症候群とは、知的発達の遅れを伴わず、かつ、自閉症の特徴のうち言葉の発達の遅れを伴わないものである。なお、高機能自閉症やアスペルガー症候群は、広汎性発達障害に分類されるものである。

出典　文部科学省 http://www.mext.go.jp/a_menu/shotou/tokubetu/004/008/001.htm ／
2008年閲覧時（この情報は現在はアップされていないが類似した「学習障害（LD）、注意欠陥／多動性障害（ADHD）及び高機能自閉症について」は今もアップされている）

☞ 掲載ウェブサイト

改正によって、発達障害者の定義を、「発達障害がある者であって発達障害及び社会的障壁により日常生活又は社会生活に制限を受けるもの」（第二条第二項）としました。社会的障壁とは、「発達障害がある者にとって日常生活又は社会生活を営む上で障壁となるような社会における事物、制度、慣行、観念その他一切のものをいう」（第三項）とされています。そのうえで、「発達障害者の支援は、社会的障壁の除去に資することを旨として、行われなければならない」（第二条の二第二項）とされました。社会的障壁の新しい概念を用いて、障害及び社会的障壁によって制限を受けるものを「障害者」とする考え方は、二〇一一年の障害者基本法の改正において導入されたものです。その背景には、障害者権利条約（二〇〇六年国連採択）において、障害が「発展する概念」であるとともに、「機能障害を有する者とこれらの者に対する態度及び環境による障壁との間の相互作用」であるとの認識が示されたことがあります。発達障害に限らず、個人と環境の相互作用によって生ずる困難や制限に着目することによって、必要な合理的配慮をおこない、社会的障壁の軽減や除去をすすめる方向性がクローズアップされます。

教育に関しては、第八条に「可能な限り発達障害児が発達障害児でない児童と共に教育を受けられるよう配慮しつつ」の文言が追加されました（二〇一六年八月一日付「発達障害者支援法の一部を改正する法律の施行について」二八文科初第六〇九号）。

§参考情報　特別支援教育法制の開始前後の情報に関しては、二〇〇五年四月一日付「発達障害のある児童生徒等への支援について（通知）」（一七文科初第二一一号）、二〇〇四年一月三〇日付「小・中学校におけるＬＤ（学習障害）、ＡＤＨＤ（注意欠陥／多動性障害）、高機能自閉症の児童生徒への教育支援体制の整備のためのガイドライン（試案）」等を参照のこと。

なお、現在は文部科学省の「主な発達障害の定義について」の情報はアップされていないので、文部科学省二〇一三年「教育支援資料」（下記のQRコード①）、ないし政府広報オンライン二〇二一年「発達障害って、なんだろう？」（同②）を参照してください。

また、「学習障害」のひとつのタイプとされる「読み書き障害」について国立成育医療研究センターの小枝達也副院長（前鳥取大学教授）が「ディスレクシア」のサイトを開設しています（同③）。また、読み書き困難を中心とする学習障害・発達障害のある子どもの学習指導の方法として、「滋賀大キッズカレッジ（SKC）メソッド」の情報が「NPO法人SKCキッズカレッジ」のホームページ内「学習室」のページから入手できます（同④）。

☞掲載ウェブサイト

① ② ③ ④

個々の教育的ニーズをふまえた適切な指導と必要な支援

ところで、「通常学級の発達障害児にも対象を広げた」という理解は、特別支援教育の本質をついてはいません。単なる「量的な拡大」というイメージを与えてしまうからです。特別支援教育は「質的な転換」こそをめざしています。

特別支援教育の理念と基本的な考え方は、中央教育審議会の二〇〇五年の答申「特別支援教育を推進するための制度の在り方について（答申）」において示されています。

中央教育審議会「特別支援教育を推進するための制度の在り方について（答申）」

第２章　特別支援教育の理念と基本的な考え方

（前略）

「特別支援教育」とは、障害のある幼児児童生徒の自立や社会参加に向けた主体的な取組を支援するという視点に立ち、幼児児童生徒一人一人の教育的ニーズを把握し、その持てる力を高め、生活や学習上の困難を改善又は克服するため、適切な指導及び必要な支援を行うものである。

（中略）

……これらの幼児児童生徒については、障害に関する医学的診断の確定にこだわらず、常に教育的ニーズを把握しそれに対応した指導等を行う必要があるが、こうした考え方が学校全体に浸透することにより、障害の有無にかかわらず、当該学校における幼児児童生徒の確かな学力の向上や豊かな心の育成にも資するものと言える。こうしたことから、特別支援教育の理念と基本的考え方が普及・定着することは、現在の学校教育が抱えている様々な課題の解決や改革に大いに資すると考えられることなどから、積極的な意義を有するものである。

我が国が目指すべき社会は、障害の有無にかかわらず、誰もが相互に人格と個性を尊重し支え合う共生社会である。その実現のため、障害者基本法や障害者基本計画に基づき、ノーマライゼーションの理念に基づく障害者の社会への参加・参画に向けた総合的な施策が政府全体で推進されており、その中で、学校教育は、障害者の自立と社会参加を見通した取組を含め、重要な役割を果たすことが求められている。その意味で、特別支援教育の理念や基本的考え方が、学校教育関係者をはじめとして国民全体に共有されることを目指すべきである。

引用の前段では、「個々の教育的ニーズを踏まえて適切な指導と必要な支援を行う」旨が明記されています。「十把《じっぱ》一絡《ひとから》げ」の一律扱いを常としてきた日本の学校教育のあり方を、特別支援教育については質的に転換する方向性が示されています。「質的な転換」がベースとなって、通常学級に学ぶ「発達障害児」にも支援を拡充するのです。

後段では、「学校教育全体の改革」および「共生社会の実現」についても言及しており、大変興味深い内容となっています。

3　生涯にわたる地域での支援の一環としての特別支援教育

ヨコの連携&タテの一貫性

特別支援教育の理念と基本的な考え方を、一人ひとりの子どもについて実現していくにはどういった体制の整備が望まれるのでしょうか。文部科学省の構想は図12（一一四頁）のようです。

この構想図は、三段に分けてみていくとよくわかります。第一は、上段にある都道府県レベルの「広域特別支援連携協議会」、市町村ないし市町村をエリア化したレベルの「地域における特別支援連携協議会」の箇所です。キーワードは「関係部局横断型のネットワーク構築」、すなわち「ヨコの連携」です。教育（教育行政）関係者のみならず、保健、医療、福祉、さらには労働などが横断型のネットワークの構築を進めます。

第二は、下段にある「個別の支援計画」の箇所です。「個別の支援計画」を拠《よ》り所に、「早期発見―早期発

図12　特別支援教育体制推進事業（19年度）

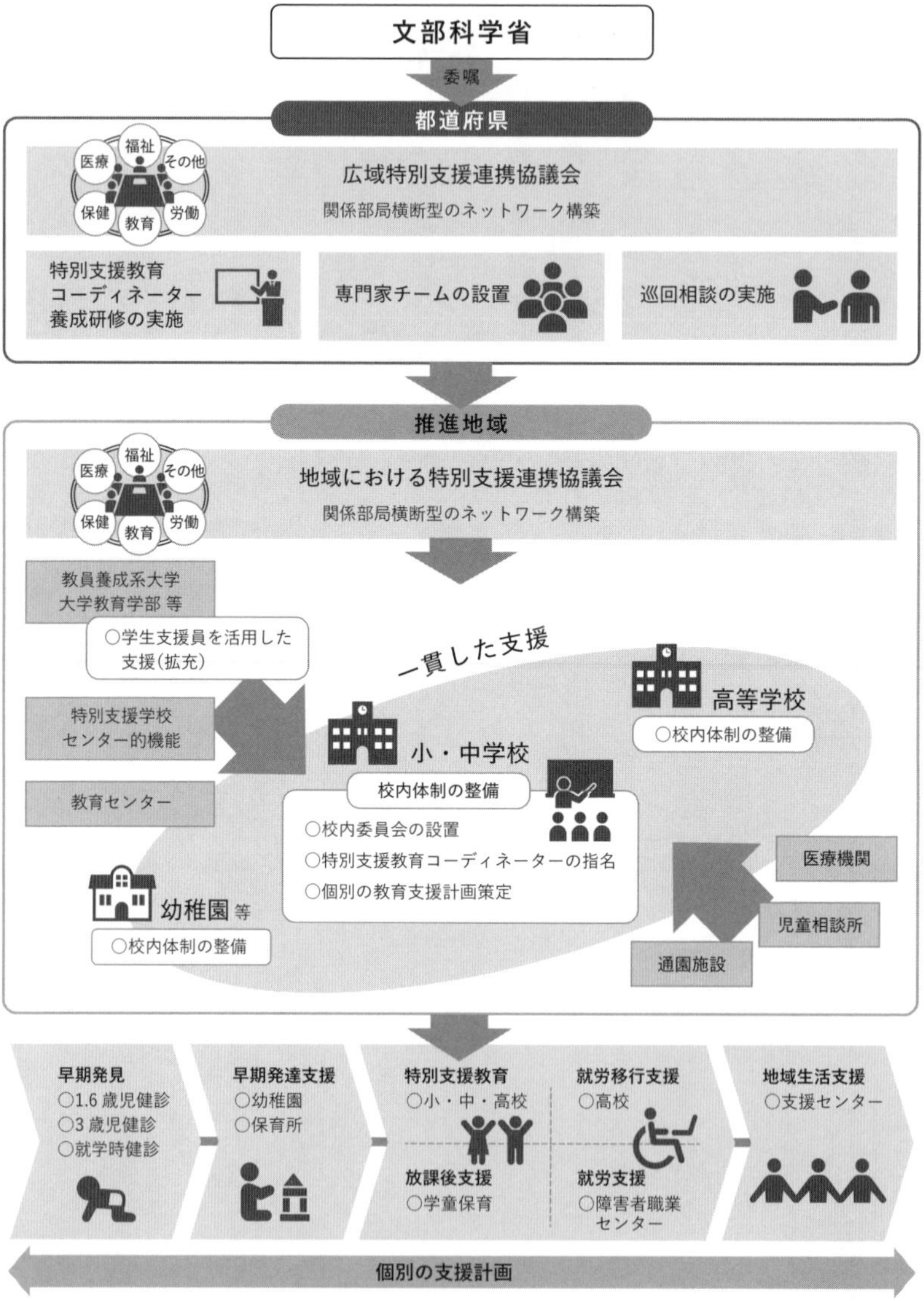

出典　文部科学省「文部科学省事業評価書（平成19年度新規・拡充事業等）
特別支援教育体制推進事業（19年度）」をもとに作成

☞ 掲載ウェブサイト

達支援―特別支援教育・放課後支援―就労移行支援・就労支援―地域生活支援」を継続的に推し進めます。すなわち、「タテの一貫性」です。

そして第三は、中段の「学校」の箇所です。「ヨコの連携」と「タテの一貫性」とによって、「幼稚園等（保育所）―小学校―中学校―高等学校」の現場で子ども一人ひとりを支援していこうというのです。

個別の支援計画

「個別の支援計画」について補足しておきます。これは障害者基本計画にもとづくもので、教育行政にとどまらず、国や自治体ぐるみの政策・施策として進められています。障害者基本計画は、障害者基本法を受けて策定されたもので、二〇〇三〜一二年度の一〇年間にまず講ずべき障害者施策の基本的方向について定めたものです（現在は第四次計画〔二〇一八〜二二年度〕が進行中）。

障害者基本計画（二〇〇二年一二月二四日閣議決定）（※傍線は引用者）

四．教育・育成

（1）基本方針

障害のある子ども一人一人のニーズに応じてきめ細かな支援を行うために乳幼児期から学校卒業後まで一貫して計画的に教育や療育を行うとともに、学習障害、注意欠陥／多動性障害、自閉症などについて教育的支援を行うなど教育・療育に特別のニーズのある子どもについて適切に対応する。

（2）施策の基本的方向

a．一貫した相談支援体制の整備

障害のある子どもの発達段階に応じて、関係機関が適切な役割分担の下に、一人一人のニーズに対応して適切な支援を行う計画（個別の支援計画）を策定して効果的な支援を行う。

乳幼児期における家庭の役割の重要性を踏まえた早期対応、学校卒業後の自立や社会参加に向けた適切な支援の必要性にかんがみ、これまで進められてきた教育・療育施策を活用しつつ、障害のある子どもやそれを支える保護者に対する乳幼児期から学校卒業後まで一貫した効果的な相談支援体制の構築を図る。さらに、思春期の児童生徒についても、必要な支援を行う。

また、精神疾患について、関係機関が連携して早期発見のための相談支援体制を確立するとともに、学校等における正しい知識の普及を図る。

b．専門機関の機能の充実と多様化

近年の障害の重度・重複化や多様化の状況を踏まえ、教育・療育機関の機能の充実を図り、地域や障害のある子どもの多様なニーズにこたえる地域の教育・療育のセンターとしての役割を担うための体制整備を図る。

盲・聾・養護学校については、その在籍する児童生徒等への教育や指導に加えて、地域の保護者等への相談支援や小・中学校等における障害のある児童生徒等への計画的な教育的支援等を行う地域の障害のある子どもの教育のセンター的な役割も果たす学校へ転換を図る。

療育機関については、施設の入所者だけではなく地域で生活する障害のある子どもに関しても有用で専門的

な技術を有しており、これらの機関を活用してショートステイ、ホームヘルプサービス等のサービスの充実を図る。

c．指導力の向上と研究の推進

学校外の専門家等の人材の活用、組織として一体的な取組を可能とする支援体制の構築、関係機関との有機的な連携協力体制の構築等により、一人一人の教員及び療育にかかわる専門職員の教育・療育、相談等に対する専門性や指導力の向上を図る。

児童生徒等の障害の重度・重複化、多様化等を踏まえ、そのニーズに応じた教育の効果的な実施を確保するため、現在盲・聾・養護学校の学校ごとに特定されている特殊教育に係る免許制度の改善を図る。

独立行政法人国立特殊教育総合研究所、大学等において、先導的な指導方法の開発や体制等に関する研究を一層推進するとともに、その成果等を教育現場等に円滑に普及するための情報提供を推進する。

d．社会的及び職業的自立の促進

障害のある子どもの社会的・職業的自立を促進するため、教育、福祉、医療、労働等の幅広い観点から適切な支援を行う個別の支援計画の策定など障害のある子ども一人一人のニーズに応じた支援体制を構築する。

また、後期中等教育及び高等教育への就学を支援するため、各学校や地域における支援の一層の充実を図るとともに、在宅で生活する重症心身障害児（者）に対し、適切な医学的リハビリテーションや療育を提供し、日常生活動作等にかかわる療育を行うほか、保護者等の家庭における療育技術の習得を図るための支援を行う。

地域における学校卒業後の学習機会の充実のため、教育・療育機関は、関係機関と連携して生涯学習を支援する機関としての役割を果たす。

e．施設のバリアフリー化の促進

教育・療育施設において、障害の有無にかかわらず様々な人々が、適切なサービスを受けられ、また、利用する公共的な施設であるという観点から、施設のバリアフリー化を推進する。

障害のある児童生徒の学習や生活のための適切な環境を整える観点から、施設に加えて情報機器等学習を支援する機器・設備等の整備を推進する。

「個別の支援計画」とは、「一人一人のニーズに対応して適切な支援を行う計画」のことです。障がいが発見された時点で、子どもに主に対応する機関が作成します。そして、その「個別の支援計画」をもとに、「ヨコの連携」と「タテの一貫性」をはかりながら、生涯にわたる支援が開始されるのです。障がい児の保護者はほとんどが「個別の支援計画」をみせてもらい、その複写も所持しているはずです。

障害者基本計画には、「個別の支援計画」にとどまらず、一人ひとりの子どもに役立たせることのできそうな施策が満載です。なお、都道府県および市町村も障害者基本法にもとづき「障害者計画」の策定が義務づけられています。また、障害者総合支援法（障害者の日常生活及び社会生活を総合的に支援するための法律）にもとづく障害福祉計画（第八十八条市町村障害福祉計画、第八十九条都道府県障害福祉計画）、児童福祉法にもとづく障害児福祉計画（第三十三条の二十市町村障害児福祉計画、第三十三条の二十二都道府県障害児福祉計画）も作られています。読者のみなさんも、自治体の障害者計画等を入手して、確認してみましょう。また、「子ども・子育て支援事業計画」（子ども・子育て支援法第六十一条、五年ごとの計画）のなかにも障がい児支援が含まれています。各自治体のホームページからすぐに入手できます。

個別支援会議

「個別の支援計画」に盛り込まれた有益な情報を、どのように活用すればよいのでしょうか。行政機関や保育・教育等の関係者は、「個人情報の保護に関する法律」（平成十五年法律第五十七号）との関連で、個人情報の外部への提供などにはかなり慎重かつ神経質になっています。

しかし、多くの療育・保育・教育の現場では、保護者からの求めがあれば、「個別支援会議」を開くようになっています。子どもにかかわる関係者は、個々のケースによって実にさまざまです。一人ひとりの実情に応じて関係者の具体的な連携を築く必要があり、それを促すために開催されるのが「個別支援会議」です。

就学についていえば、就学する前から就学希望の学校の関係者を招くことも工夫のひとつです。そうすれば、情報を共有し活用することができます。また、就学前に策定した「個別の支援計画」を卒園時にもらい受け、保護者から就学する学校に手渡して引き継ぐことも可能です。

なお、ニーズに対応したサービスが現状ではまだ整っていない場合もあります。そうした時には、「個別支援会議」を受けて、「障害保健福祉圏域」などのエリアに設けられている「サービス調整会議」が開催され、どのようにサービスを整えていくかが相談されます。

既存の諸サービスをつなぎ、必要なサービスを創るために、「個別の支援計画」を生かし、「個別支援会議」

や「サービス調整会議」を開催するのです。

五歳児健診

「タテの一貫性」にかかわって、「早期発見」についても補足しておきます。国の制度としてはまだ未実施ですが、全国の自治体で広がっているのが「五歳児健診」です。「三歳児健診」では発見しにくい発達障害などを把握し、幼稚園や保育所の年中・年長クラスの時点で支援をスタートしようという趣旨の健診です。

小枝達也鳥取大学元教授の尽力により、鳥取県では大山町《だいせん》でまず試行され、全県下に広がっています（人口規模の小さい町村では全数対象の五歳児健診、市ではリスク児や希望者を対象とした五歳児発達相談）。対象は「五歳〇か月〜五歳六か月未満」で、「大脳の発達に伴い、幼児期前半では判断できなかった軽度の異常を把握する上で重要」および「多動や注意力散漫など、集団との関わり方・集団適応状況にも注意が必要で、就学を間近に控えていることを意識した健診」と説明されています。五歳台（年中組ないし年長組）で発見して支援を始めることで、就学してからの学習上の困難や対人関係のもつれ、不登校といった二次障がいを未然に防ごうというのです。

§参考文献　小枝達也編『5歳児健診——発達障害の診療・指導エッセンス』診断と治療社、二〇〇八年、小枝達也「5歳児健診：20年間の経験」『認知神経科学』第一九巻第一号、二〇一七年。

§参考情報　鳥取県母子保健対策協議会 鳥取県健康対策協議会母子保健対策専門委員会「令和二年度版鳥取県乳幼児健康診査マニュアル【スタッフ用】」二〇二〇年。

校内体制の整備

学校現場の体制についても補足しておきます。構想図（一一四頁）では「校内体制の整備」として、「校内委員会の設置」「特別支援教育コーディネーターの指名」「個別の教育支援計画策定」が列記されています。これらは、特別支援教育の在り方に関する調査研究協力者会議が二〇〇三年度末に出した「今後の特別支援教育の在り方について（最終報告）」において提示され、〇三年度からの文部科学省事業により全国に普及がはかられました。

義務教育段階の小・中学校ではほぼ体制づくりが完了し、幼稚園や高等学校でも公立の場合は整備が相当程度に及んでいます。なお、校内委員会のメンバーや特別支援教育コーディネーターについて、多くの学校が氏名を公表しています。公表していない場合でも、たずねれば教えてくれます。特別支援教育コーディネーターは「専任」で配置されるのが理想ですが、現状では「指名」にとどまっています（なお、自治体によっては「特別支援教育主任」ということもある）。

§参考情報　文部科学省「平成二九年度特別支援教育体制整備状況調査結果について」、鳥取県教育委員会「令和二年度特別支援教育体制整備状況調査結果について」など。

今後の特別支援教育の在り方について（最終報告）**のポイント**

2. 基本的方向と取組

（1）特別支援教育の在り方の基本的考え方

（中略）

①「個別の教育支援計画」（多様なニーズに適切に対応する仕組み）

障害のある子どもを生涯にわたって支援する観点から、一人一人のニーズを把握して、関係者・機関の連携による適切な教育的支援を効果的に行うために、教育上の指導や支援を内容とする「個別の教育支援計画」の策定、実施、評価（「Plan-Do-See」のプロセス）が重要。

②特別支援教育コーディネーター（教育的支援を行う人・機関を連絡調整するキーパーソン）

学内、または、福祉・医療等の関係機関との間の連絡調整役として、あるいは、保護者に対する学校の窓口の役割を担う者として学校に置くことにより、教育的支援を行う人、機関との連携協力の強化が重要。

③広域特別支援連携協議会等（質の高い教育支援を支えるネットワーク）

地域における総合的な教育的支援のために有効な教育、福祉、医療等の関係機関の連携協力を確保するための仕組みで、都道府県行政レベルで部局横断型の組織を設け、各地域の連携協力体制を支援すること等が考えられる。

（文部科学省　☞ 掲載ウェブサイト）

①②③の三施策を「特別支援教育の三つのツール」といいます。「個別の教育支援計画」とは、障害者基本計画にもとづく「個別の支援計画」を学校教育段階に限ってこう呼びます。その内容や作成プロセス等について、前述の「最終報告」に参考資料がつけられていましたので、表5（一二四〜一二五頁）に掲げておき

ます。当然ながら、保護者は「個別の教育支援計画」の策定に参画できますし、また計画の複写を受け取ることもできます。

なお、よく似たものに「個別の指導計画」というものもあります。これは学期ごとや年間の教育指導の計画を記したもので、学習指導要領の定めにもとづいてつくられています。もちろん、この「個別の指導計画」の複写ももらえます（通知簿や「あゆみ」などはこの指導計画による取り組みの評価を知らせるためのものです）。

学校教育法の改正による学校機能の拡大

「ヨコの連携」と「タテの一貫性」によって個々の子どもへの支援を構築しようとする姿勢は、二〇〇七年四月施行の特別支援教育法制にもあらわれています。具体的には、①特別支援学校が地域における特別支援教育のセンター的機能を果たすよう努めること（努力規定――学校教育法第七十四条［新設］）、②幼稚園、小学校、中学校、高等学校などは在籍するすべての障がい児および「教育上特別の支援を必要とする」者に特別支援教育をおこなわなければならないこと（義務規定――同第八十一条第一項［新設］）です。重要ですので、該当の条文を再掲しておきます。

学校教育法（※傍線は引用者）

第七十四条　特別支援学校においては、第七十二条に規定する目的を実現するための教育を行うほか、幼稚園、小学校、中学校、義務教育学校、高等学校又は中等教育学校の要請に応じて、第八十一条第一項に規定する幼児、

2．計画作成のための組織体制・システムの整備

⑴　各自治体の役割

都道府県等は、支援地域内の教育、福祉、医療、労働等関係機関の役割が有機的に実施されるように全体的なコーディネートを行う役割を有しており、部内の関係部署の連携・調整する組織（「広域特別支援連携協議会（仮称）」）の設置等適切なシステムの構築を図る。

⑵　盲・聾・養護学校、小・中学校の組織体制

学校内外の関係者の意見を集約して円滑な計画策定が可能となるよう、特別支援教育コーディネーター（仮称）を置くほか、学校内において計画作成委員会（仮称）のような組織を設けるなど組織体制の整備を図る。この場合、障害のある児童生徒の指導を担当する教員等が計画案の作成、実施等の中心となる。

⑶　小・中学校等への支援体制

盲・聾・養護学校と比べて個別の指導計画の作成の実績が少ない小中学校等においては、教育委員会に置かれる専門家チームの相談・巡回指導、盲・聾・養護学校、特殊教育センター等の支援が得られるような体制の整備が重要である。

⑷　計画の引継の体制

対象児童生徒の進学や転学等に際し、計画の作成担当機関が変更となる場合には、引き続き適切な教育が一貫して行われるように、計画に係る責任の明確化の観点から計画の作成、改訂の業務の引継のシステムの構築を図る。

⑸　福祉、医療、労働等との連携

教育以外の分野との連携が円滑に行われるよう日常的な機関間の連携が重要であり、計画作成担当機関における特別支援教育コーディネーター（仮称）及び関係機関の協力部署及び担当者の明確化を図るなど地域内での連携システムを構築する。特に、他分野で個別の支援計画が作成されている場合は、それらとの連携や接続を図り、一人一人の子どもに応じた総合的な支援計画にしていくことが重要である。

⑹　保護者の参画

児童生徒への適切な教育的支援を行う場合に、保護者は重要な役割を担うものであり、「個別の教育支援計画」の作成作業においては、保護者の積極的な参画を促し、計画の内容について保護者の意見を十分に聞いて計画を作成又は改訂することが必要である。

⑺　個人情報の保護

「個別の教育支援計画」については、個人情報の保護が確保されることが不可欠である。その管理や使用の具体的なあり方について十分に検討することが必要である。

出典　特別支援教育の在り方に関する調査研究協力者会議「今後の特別支援教育の在り方について（最終報告）」参考1「個別の支援計画について」

☞掲載ウェブサイト

表5 「個別の教育支援計画」について

1．計画の概要

⑴ 作成の目的

「個別の教育支援計画」は、障害のある児童生徒の一人一人のニーズを正確に把握し、教育の視点から適切に対応していくという考えの下、長期的な視点で乳幼児期から学校卒業後までを通じて一貫して的確な教育的支援を行うことを目的とする。

また、この教育的支援は、教育のみならず、福祉、医療、労働等の様々な側面からの取組が必要であり、関係機関、関係部局の密接な連携協力を確保することが不可欠である。他分野で同様の視点から個別の支援計画が作成される場合は、教育的支援を行うに当たり同計画を活用することを含め教育と他分野との一体となった対応が確保されることが重要である。

⑵ 対象範囲

障害のある幼児や児童生徒（以下、単に「児童生徒」という。）で、特別な教育的支援の必要なもの。

※幼稚園から盲・聾・養護学校の高等部、高等学校段階までの者を中心に考える。

障害の範囲

視覚障害、聴覚障害、知的障害、肢体不自由、病弱、言語障害、情緒障害、LD、ADHD、高機能自閉症　等

⑶ 内容

計画の作成を担当する機関を明らかにして、以下の内容を盛り込んだ計画を作成・改訂を行う。

1）特別な教育的ニーズの内容

2）適切な教育的支援の目標と内容

障害の状態を克服・改善するための教育・指導を含め必要となる教育的な支援の目標及び基本的内容を明らかにする。福祉、医療等教育以外の分野からの支援が必要となる場合はその旨を併せて記述する。

なお、従来より、盲・聾・養護学校において学期毎又は年間の具体的な指導の目標、内容等を盛り込んだ指導計画として毎年作成されてきた個別の指導計画は、一人一人の教育的ニーズに対応して指導の方法や内容の明確化を図るものであり、学校でのきめ細かな指導を行うために今後とも有意義なものと考える。この個別の指導計画は、乳幼児期から学校卒業後までを通じて長期的な視点で作成される「個別の教育支援計画」を踏まえ、より具体的な指導の内容を盛り込んだものとして作成される。なお、この個別の指導計画が既に「個別の教育支援計画」の内容を包含するなど、同様の機能を果たすことが期待される場合には、その学校の個別の指導計画を「個別の教育支援計画」として扱うことが可能である。

3）教育的支援を行う者・機関

保護者を含め、教育的支援を行う者及び関係機関と、その役割の具体化を図る。

⑷ プロセス

作成を担当する機関が以下の手順で計画の作成・点検を行う。

①障害のある児童生徒の実態把握
②実態に即した指導目標の設定
③具体的な教育的支援内容の明確化
④評価

作成担当者及び機関：

就学段階においては、盲・聾・養護学校又は小・中学校、若しくは高等学校が中心となって作成する。学級担任や学校内及び他機関との連絡調整役となるコーディネーター的役割を有する者が中心となって具体的な内容を確定する。

児童又は生徒の教育に関し必要な助言又は援助を行うよう努めるものとする。

第八十一条　①幼稚園、小学校、中学校、義務教育学校、高等学校及び中等教育学校においては、次項各号のいずれかに該当する幼児、児童及び生徒その他教育上特別の支援を必要とする幼児、児童及び生徒に対し、文部科学大臣の定めるところにより、障害による学習上又は生活上の困難を克服するための教育を行うものとする。

長らく「特殊教育」は、「盲学校、聾学校、養護学校」または「特殊学級」の在籍児限定で提供されてきました。しかし、幼稚園から高校までのすべての学校が、「教育上特別の支援を必要とする」者に特別支援教育を提供しなければならないのです。また、これまで学校は在籍者には責任を果たすが、部外者には冷淡でした。しかし、特別支援学校は在籍者をこえて、地域の「教育上特別の支援を必要とする」者にも助言や援助をおこなうことになりました。

「子どもたちを複数の目で育むために、障害者基本計画や特別支援教育法制などをよく知ったうえで、十二分に活用することが肝要だ」ということがおわかりいただけたでしょうか。

§参考情報　渡部昭男「『特別ニーズ教育』と『学習と発達への権利』」『ＳＮＥジャーナル』第二五巻第一号、二〇一九年。
渡部昭男「特別の支援および指導の拡がり：学校教育法等の改正・学習指導要領の改訂にそくして」『教育科学論集』第二二号、二〇一九年。

家庭・教育・福祉の連携「トライアングル」プロジェクト

構想図（一一四頁）の「ヨコの連携&タテの一貫性」に関連して、新たな動きがありました。文部科学省と厚生労働省が連携して、各自治体における教育委員会や福祉部局の連携をより一層推進し、切れ目のない支援につなげるため、「家庭・教育・福祉の連携『トライアングル』プロジェクト」という検討がなされました。その二〇一八年報告書を受けて、学校教育法施行規則が改正されるとともに、二〇一八年五月二四日付の「教育と福祉の一層の連携等の推進について」（三〇文科初第三五七号通知、障発〇五二四第二号）、同年八月二七日付の「学校教育法施行規則の一部を改正する省令の施行について」（三〇文科初第七五六号通知）が出されました。新設された学校教育法施行規則第百三十四条の二および模式図「別添1　家庭・教育・福祉の連携『トライアングル』プロジェクト報告」を掲載しておきます。

学校教育法施行規則（※傍線引用者）

第百三十四条の二　校長は、特別支援学校に在学する児童等について個別の教育支援計画（学校と医療、保健、福祉、労働等に関する業務を行う関係機関及び民間団体（次項において「関係機関等」という。）との連携の下に行う当該児童等に対する長期的な支援に関する計画をいう。）を作成しなければならない。

2　校長は、前項の規定により個別の教育支援計画を作成するに当たつては、当該児童等又はその保護者の意向を踏まえつつ、あらかじめ、関係機関等と当該児童等の支援に関する必要な情報の共有を図らなければならない。

図13　家庭・教育・福祉の連携「トライアングル」プロジェクト報告 ～障害のある子と家族をもっと元気に～（概要）

1. 教育と福祉との連携に係る主な課題

学校と放課後等デイサービス事業所において、お互いの活動内容や課題、担当者の連絡先などが共有されていないため、円滑なコミュニケーションが図れておらず連携できていない。

2. 保護者支援に係る主な課題

乳幼児期、学齢期から社会参加に至るまでの各段階で、必要となる相談窓口が分散しており、保護者は、どこに、どのような相談機関があるのかが分かりにくく、必要な支援を十分に受けられない。

今後の対応策

1. 教育と福祉との連携を推進するための方策

・教育委員会と福祉部局、学校と障害児通所支援事業所との関係構築の「場」の設置
・学校の教職員等への障害のある子供に係る福祉制度の周知
・学校と障害児通所支援事業所等との連携の強化
・個別の支援計画の活用促進

2. 保護者支援を推進するための方策

・保護者支援のための相談窓口の整理
・保護者支援のための情報提供の推進
・保護者同士の交流の場等の促進
・専門家による保護者への相談支援

【具体的な取組例】

（厚生労働省）
・放課後等デイサービスガイドラインの改定
・障害福祉サービス等報酬改定で拡充した連携加算を活用し、学校との連携を更に推進。

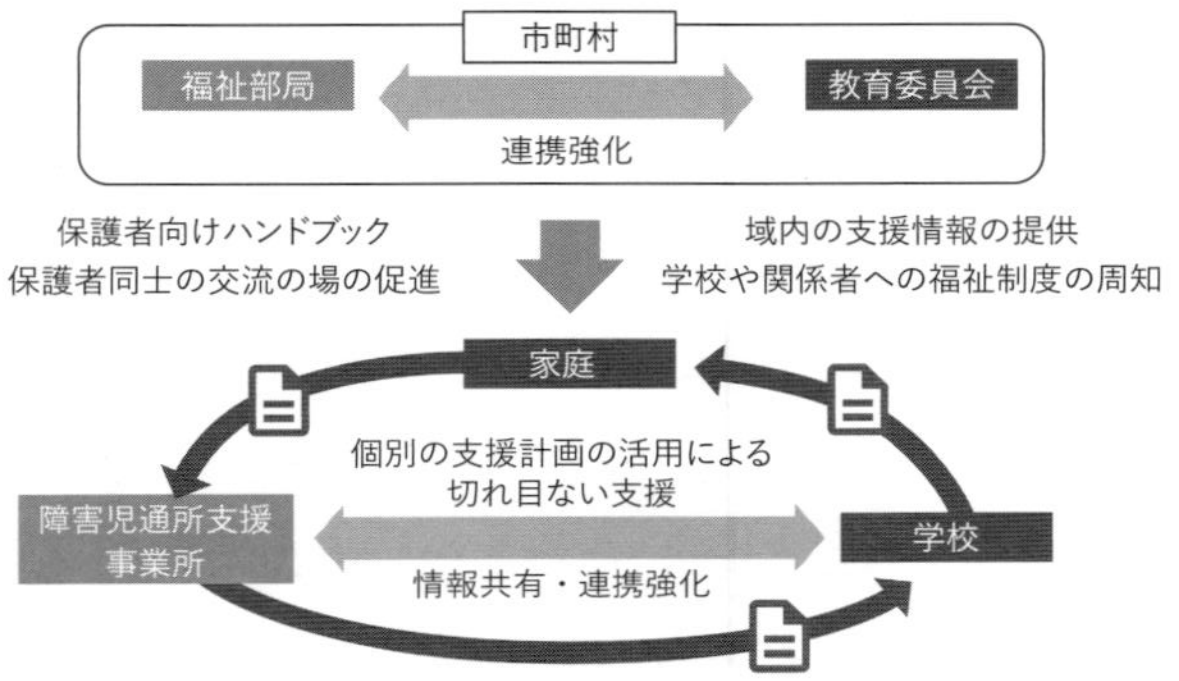

（文部科学省）
・個別の支援計画を活用し、切れ目ない支援体制を整備する自治体への支援
・保護者や関係機関と連携した計画の作成について省令に新たに規定

出典　文部科学省初等中等教育局特別支援教育課「トライアングルプロジェクトについて」（2018年11月26日）をもとに作成　☞掲載ウェブサイト

特別支援学校などの教育課程および教科書

学習指導要領、おそらくどこかで聞かれた用語と思います。もともとは手引や試案という程度でしたが、次第に位置づけを強めて、いまでは日本の学校教育は国公私立を問わず、国が定めたこの教育課程の基準（法的には告示）にもとづいて展開されています。その内容は現在、総則、各教科、特別の教科道徳（小中学校）、外国語活動（小学校）、総合的な学習の時間（小中学校）、総合的な探究の時間（高校）、特別活動で構成されています。

この枠組みをベースとしながらも、特別支援学校などの場合には以下の二つの特徴があります。

第一に、自立活動の領域が追加されていることです。以前は「養護・訓練」という名称でしたが、二〇〇九年の改訂からこの用語になっています。学校教育法第七十二条（第二章五九頁）の後段「障害による学習上又は生活上の困難を克服し自立を図るために必要な知識技能を授けることを目的とする」に対応するものです。具体的には、①健康の保持、②心理的な安定、③人間関係の形成、④環境の把握、⑤身体の動き、⑥コミュニケーションの六区分のもとに計二七項目が示されています。通常の学校に学ぶ場合も、特別支援学級または通級指導において自立活動を取り入れることが認められています。

第二に、特別支援学校（知的障害）は資料（一三一頁、図14）にあるような教科名および領域になっています。さらに、知的障害者、重複障害者の場合は各教科・領域の一部または全部を合わせて指導することができます（学校教育法施行規則第百三十条第二項）。知的障がいの学校や学級でよく聞く、日常生活の指導、遊びの指導、生活単元学習、作業学習などがそれにあたります。

教科書は義務教育段階では無償給与となっていますが、特別支援学校などではどうなるのでしょうか。結論から言えば、子どもさんの実態に応じて、①文部科学省検定済教科書（検定本。学校教育法第三十四条第一項）、②文部科学省著作教科書（☆本など。同上）、③一般図書、④拡大教科書（検定本・一般図書）、⑤点字教科書（検定本・一般図書）が無償給与されます。一般図書とは、適切な教科書がないなどの特別な場合に認められている（学校教育法附則第九条第一項）もので、文部科学省発行の「一般図書一覧」に加えて各都道府県の教科用図書選定審議会において調査審議のうえで独自に採択できます。文部科学省の通知では以下のような留意点が示されています。

（ア）児童生徒の障害の種類・程度、能力・特性に最もふさわしい内容（文字、表現、挿絵、取り扱う題材等）の図書が適切であること。

（イ）可能な限り体系的に編集されており、教科の目標に沿う内容をもつ図書が適切であること（特定の題材又は一部の分野しか取り扱っていない参考書、図鑑類、問題集等の図書は適切ではない）。

（ウ）上学年で使用する図書や、採択する他教科の図書との関連性も考慮すること。

（エ）価格については、前年度の実績を考慮するなどし、高額なものに偏ることのないようにすること。

（オ）略

なお、通常の教科書で読むことが困難な場合には、デイジー教科書を利用することもできます。

§参考情報 分藤賢之（文部科学省初等中等教育局特別支援教育課特別支援教育調査官）「自立活動」、文部科学省「特別支援学校用（小・中学部）教科書目録（令和4年度使用）」（①）、二〇二一年三月三〇日付「令和四年度使用教科書の採択事務処理について」（二初教科第六七号通知）（②）、公益財団法人日本障害者リハビリテーション協会「デイジー教科書提供の取り組み（デイジーによる「読み」の支援）」二〇一七年（③）

☞掲載ウェブサイト

① ② ③

図14　特別支援学校学習指導要領の主な特徴［特別支援学校（知的障害）における各教科等］

小学部の教育課程（平成29年告示学習指導要領）

各教科						特別の教科 道徳	外国語活動※	特別活動	自立活動
生活	国語	算数	音楽	図画工作	体育				

※外国語活動を設けることができる

中学部の教育課程（平成29年告示学習指導要領）

各教科									特別の教科 道徳	総合的な学習の時間	特別活動	自立活動
国語	社会	数学	理科	音楽	美術	保健体育	職業・家庭	外国語※				

※外国語を設けることができる

高等部の教育課程（平成31年告示学習指導要領）

各学科に共通する各教科											特別の教科 道徳	総合的な探究の時間	特別活動	自立活動
国語	社会	数学	理科	音楽	美術	保健体育	職業	家庭	外国語※	情報※				

主として専門学科において開設される各教科				
家政	農業	工業	流通・サービス	福祉

※外国語、情報を設けることができる

年間の総授業時数

学年	時間
小1	850
小2	910
小3	945
小4〜6	980
中1〜3	1015
高1〜3	1050

※ 1単位時間は小段階で45分、中・高段階では50分となっている。
※ 各教科等の授業時数は適切に定める。

出典　文部科学省「日本の特別支援教育の状況について（2019年9月25日）」23枚目をもとに作成

☞ 掲載ウェブサイト

Q 「障害及び社会的障壁により日常生活又は社会生活に制限を受けるもの」を「障害者（児）」とする考え方をわかりやすく教えてください。

A 車イス使用であっても、スロープやエスカレーターがあれば、または周囲の人の協力により階段を上り下りできれば、日常生活または社会生活上の制限は除去ないし軽減できます。「障害」のみならず「社会的障壁」が加わったことは画期的なことです。しかし、どちらか一方を過大視せず、総合的・統合的にみることが大切といえます。

世界保健機構（ＷＨＯ）は二〇〇一年、それまでの国際障害分類（ＩＣＩＤＨ、一九八〇年）を改訂して国際生活機能分類（ＩＣＦ）を出すとともに、二〇〇六年には子ども青年向けのＩＣＦ－ＣＹも公《おおやけ》にしています。厚生労働省のホームページにアップされている大川弥生（二〇〇六年）「ＩＣＦ（国際生活機能分類）―『生きることの全体像』についての『共通言語』―」は、ＩＣＦモデルの基本的な性格は「医学モデル」と「社会モデル」とを総合した「統合モデル」であり、「ＩＣＦはこれら両極端を総合し、それによって生物学的、個人的、社会的観点を総合した首尾一貫した見方を提供する」と述べています。その解説図を転載しておきます（左頁、図15）。「『心身機能』の不自由を、生活上の『活動』で補い、豊かな人生に『参加』する」ためにＩＣＦの考え方を活かしたいものです。

図15　ICFの概念枠組み

──「生きることの全体像」についての「共通言語」──

生活機能モデル（WHO・ICF、2001）

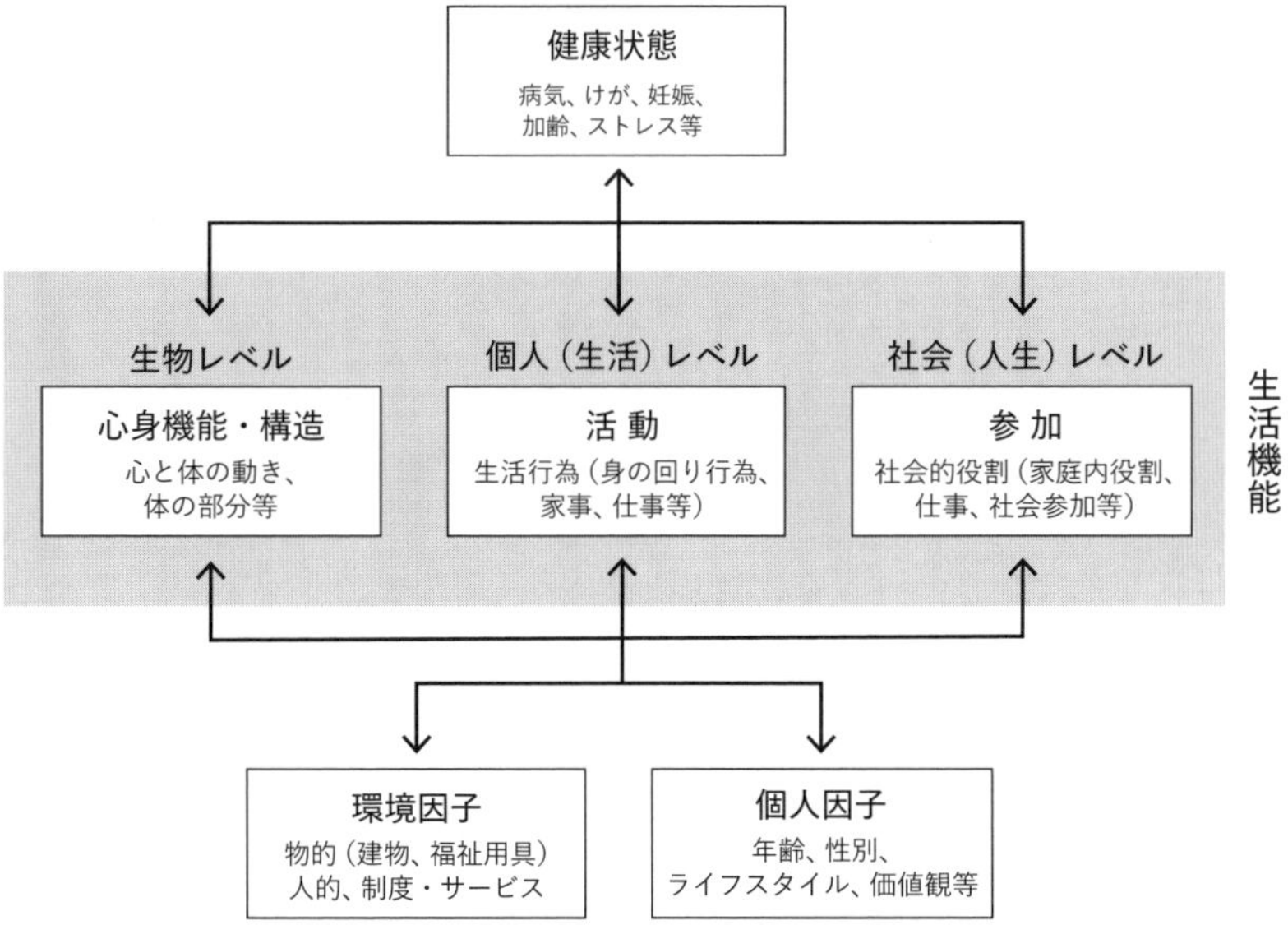

「医学モデル」「社会モデル」から「統合モデル」へ

「心身機能」の不自由を、
生活上の「活動」で補い、
豊かな人生に「参加」する

出典　大川弥生2006「ＩＣＦ（国際生活機能分類）―『生きることの全体像』についての『共通言語』―」（第１回社会保障審議会統計分科会　生活機能分類専門委員会参考資料①③）をもとに作成

☞掲載ウェブサイト　　参考資料①　　参考資料③

Q 合理的配慮と基礎的環境整備という言葉を聴きますが、どういうことでしょうか。

A 子どもの権利を保障するために、教育行政（国・都道府県・市町村）の条件整備義務の一環としてまず環境整備がなされ、それを基礎として個々の子どもの合理的配慮が検討され、合意内容が「個別の教育支援計画」に明記されることになります。中央教育審議会がまとめた「共生社会の形成に向けたインクルーシブ教育システム構築のための特別支援教育の推進（報告）」（二〇一二年七月二三日）における提言をわかりやすく、以下の二点に絞ってみました。

障害のある子どもに対する支援については、法令にもとづきまたは財政措置により、国は全国規模で、都道府県は各都道府県内で、市町村は各市町村内で、教育環境の整備をそれぞれおこなう。これらは、「合理的配慮」の基礎となる環境整備であり、それを「基礎的環境整備」と呼ぶこととする。

「合理的配慮」は、一人ひとりの障害の状態や教育的ニーズ等に応じて決定されるものであり、設置者・学校と本人・保護者により、発達の段階を考慮しつつ、「合理的配慮」の観点を踏まえ、「合理的配慮」について可能な限り合意形成を図ったうえで決定し、提供されることが望ましく、その内容を個別の教育支援計画に明記することが望ましい。なお、設置者・学校と本人・保護者の意見が一致しない場合には、「教育支援委員会」（仮称）の助言等により、その解決を図ることが望ましい。

なお、具体的にはりたりこ「学校での『合理的配慮』ハンドブック――一人ひとりに合った学びのサポートを」、千葉県教育委員会「合理的配慮事例集―小中学校の通常の学級に在籍する発達障害の可能性のある児童生徒の事例を中心に―」、大阪市教育センター「合理的配慮説明資料」「学校における合理的配慮の観点（三観点一一項目）」などを参考にしてください。

Q　個人情報を含む「個別の（教育）支援計画」が行政機関や関係者などで勝手にやりとりされることには納得がいきません。

A　資料「『個別の教育支援計画』について」（一二四～一二五頁）の最後の項目「個人情報の保護」には、「個人情報の保護が確保されることが不可欠である」と記されています。すなわち、個人情報保護法、都道府県および市町村の個人情報保護条例等にもとづき、適切な取り扱いに留意し、個人の権利利益の保護が図られなければなりません。各教育委員会等でも、「個別の教育支援計画」に関する手引きやQ&Aを出しており、ウェブ検索で幾つかの例が入手できます。「必ず保護者の同意を得て策定します。……内容については個人情報として取り扱い、保護者の同意なしには外部へ開示しません」（長崎県）、「関係機関等が集まり支援会議を開催する場合においても、共有する情報の取り扱い方法などについて取り決めを交わしておき、本人・保護者に説明の上、了解を得て、情報を共有することが大切です」（大阪市）、「校外の機関との支援会議を行うには、保護者の了解が必要です」「転学や進学、卒業によって……作成担当機関が変更となる場合は……保護者の了解を得た上で……引き継ぎます」（千葉県）、「保護者が公にしたくないと望む事柄については、記入しない等、情報の取り扱いに注意します」（宇都宮市）などの例を参考に、あなたの意向を伝えるとよいでしょう。

Q 特別支援学校への認定就学希望者が増えて学校が過大・過密になり、一教室を二つに間仕切りし、特別教室を普通教室に転用していると聞きます。

A 二〇二一年五月二六日、「特別支援学校 教育環境の改善に向け『設置基準』策定へ 文科省」（NHKニュース）、「特別支援学校、『広め』設置基準案 文科省公表、急増に対応」（毎日新聞・東京朝刊）、「特別支援学校の設置基準案を公表 意見公募開始 文科省」（日本教育新聞）などの報道がありました。深刻化する特別支援学校の過大・過密問題に対処するために、幼稚園から大学まではすでに定められていた学校設置基準を、特別支援学校についてもようやく設けることになり、同年九月二四日に公布されました（「特別支援学校設置基準の公布等について（通知）」二〇二一年九月二四日付、三文科初第一〇七六号（①））。

Q 子ども一人に一台のコンピューター端末を整備するGI《ギ》GA《ガ》スクール構想が進んでいるそうですが、特別支援学級や特別支援学校ではどうなのでしょう。

A 障がいのある子も対象です。障がいのある子の場合、ICT（情報通信技術）活用によって学習や生活の困難を減らし、主体的に参加する活動や場面を増やすことができます。国立特別支援教育総合研究所では、リーフレット「特別支援教育でICTを活用しよう」（②）を作成し、また「ICT及びアシスティブテクノロジーに関して」（③）のサイトで関連情報を提供しています。

掲載ウェブサイト

①

②

③

⑤ ともに学び育ちあう教育

1　ともに学び育ちあう教育とは何か

日本でも一九八〇年代になると、海外における障がい児教育の動向として、「インテグレーション」のことがよく紹介されるようになりました。一九八六年二月二六日付の『朝日新聞』には、「スウェーデン／盲学校を全廃・普通校で教育／子ら生き生き・社会性を身に」という見出しが躍っています。少し引用してみましょう。

> 首都ストックホルムのはずれにあるトムテボーダ盲学校は、盲教育百八十年という歴史を担ってきた。一時は二百人近くの生徒が全国から集まっていたが、このほど、廃校となった。というのも、アメリカより一足遅く、スウェーデンが障害児と普通児を一緒に勉強させる統合教育を一九五〇年代から始めると、生徒が次々、地域の学校に移った。盲学校の閉校で、スウェーデンでは一部の重複障害児を除いて、盲児は地域の学校で勉強するようになった。（後略）

これまで、過度に分離をおこなってきた障がい児（者）のケアにあって、「分離ではなく統合を」という方向は積極的な意味での転換といえます。福祉ケアのみならず、教育においても、またしかりです。しかし、「インテグレーション」を「統合教育」と訳してよいものかどうか、私は躊躇《ちゅうちょ》するところがあります。なぜなら、マスコミによる「統合教育」の使い方は、「インテグレーション」を就学の形態に限定して問題にしているように思えるからです。いいかえると、障がい児を通常の学級で学ばせること、つまり「インテグレーション」のなかでも「場の統合」を強調しているように見受けられます。

一九九〇年代に入ると、場の統合のみを強調することのないように、障がい児を包み込んで新たな教育および学校の創造をめざす意味で、すべての者のための「インクルージョン（包摂）」教育という用語が使用されるようになっています。私個人の考えとして、「インクルージョン」本来の理念をとらえて、教育実践のレベルにおいて大胆に意訳するとすれば、「ともに学び育ちあう教育」になるのではないかと思っています。「ともに学び育ちあう教育」を推し進めるには、多様な教育的統合の工夫が必要であるうえに、「ともに学び育ちあう教育」が達成されないような形だけの「場の統合」は、そもそも「インクルージョン」のめざすところではないからです。

最終章では、「ともに学び育ちあう教育」、とりわけ通常学級での教育的統合（さらには「ともに学び育ちあう学校／社会」）について考えてみます。

「男女共学の原則」との比較

まず、「ともに学び育ちあう教育」とは何かを探るために、「男女共学」を参考例としてみましょう。「男女共学」は、一九四七年教育基本法において、「男女は、互に敬重し、協力し合わなければならないものであつて、教育上男女の共学は、認められなければならない」（第五条）と定められました。戦後六〇年にわたる教育の進展のなかで、「男女共学」は当然となりその規定の役目も終わったとして、教育基本法の二〇〇六年改定に際して削除されました。

みなさんは「男女共学の四原則」というのをご存じでしょうか（有倉遼吉「教育基本法」『教育関係法Ⅱ』日本評論新社、一九五八年）。

①同一の教室において

②同一の教科または学科に関して

③同一の教員により

④同一の方法・教材をもって学校教育を実現すること。

この四原則を徹底する形で、女子差別撤廃条約の批准に向けた取り組みのなかで、家庭科の男女共修が実現したのでした（一九九三年度～中学校、九四年度～高校）。

「男女共学の四原則」は非常にシンプルでわかりやすく、「障がい児の共学」にも応用できそうにみえます。しかし、結論からいえば、四原則の安易な適用は正しくありません。

障がい児の「特別なケアへの権利」（子どもの権利条約第二十三条）についてすでに解説したように、障がい児は教育を受けるに際しても、その「特別なニーズ」に応じて「特別なケア」を求めうるのです。すなわち、仮に通常学級での同じ教科の学習であっても、「同一の方法・教材」による画一的な教育に対しては「特別な方法・教材」の開発を、「単一の教員」による一斉指導に対しては「複数教員の配置によるチームティーチングや個別指導の充実」「専門的教員による指導の追加」などを要請しうるのです。四原則の安易な適用は「特別なケアへの権利」の放棄や侵害につながり、何らの配慮もない通常の学級への「投げ捨て放置（ダンピング）」として非難されねばなりません。

「子どもの最善の利益」の原則

次に、「学校選択権」に関して、考えてみたいと思います。就学先に関する判断は「その子に与えられる教育の種類を選択する優先的権利」（世界人権宣言第二十六条第三項）をもつとされる保護者に大きくゆだねられています。憲法学では、日本国憲法第十三条（幸福追求権）に親の教育権ないし教育の自由が含まれるとされます（米沢広一『憲法と教育一五講』北樹出版、二〇一六年〔第四版〕）。そして、「学校選択権」は、行政側の一方的・機械的な就学判別に対して有効性をもっています。しかし、「何がなんでも普通学級へ」という普通学級主義にみられるように、「貧しい選択」システムのもとでダンピング教育を選択する論理に陥ってしまってはいけません。

学校選択は広い意味で教育のあり方を選びとる行為に含まれ、よりよい教育を創造していくための「教育要求権」と見なされます。「学校選択権」は「教育要求権」にまで高められなければなりませんし、そのような方向で努力してこそ真価を発揮しうるのです。

就学は「子どもに影響を与える」重要なことがらですから、子どもが自らの就学に関して意見表明権を有することは明瞭です（子どもの権利条約第十二条）。その際、「適当な指示および指導を行う責任、権利および義務」（同第五条）を有し、子どもの養育および発達に対する「共通の責任」「第一次的責任」（同第十八条）をもつ両親（保護者）は、「子どもの最善の利益」の原則に沿う方向で、自らの責任を果たさなければなりません。

加えて、国は「子どもの最善の利益」を原則として、子どもや保護者に対して必要な措置や援助をおこなわなければなりません。

子どもの権利条約（※傍線引用者）

第三条

1　子どもにかかわるすべての活動において、その活動が公的もしくは私的な社会福祉機関、裁判所、行政機関または立法機関によってなされたかどうかにかかわらず、子どもの最善の利益が第一次的に考慮される。

2　締約国は、親、法定保護者または子どもに法的な責任を負う他の者の権利および義務を考慮しつつ、子どもに対してその福祉に必要な保護およびケアを確保することを約束し、この目的のために、あらゆる適当な立法上および行政上の措置をとる。

3（略）

第五条

締約国は、親、または適当な場合には、地方的慣習で定められている拡大家族もしくは共同体の構成員、法定保護者もしくは子どもに法的な責任を負う他の者が、この条約において認められる権利を子どもが行使するにあたって、子どもの能力の発達と一致する方法で適当な指示および指導を行う責任、権利および義務を尊重する。

第一二条

1　締約国は、自己の見解をまとめる力のある子どもに対して、その子どもに影響を与えるすべての事柄について自由に自己の見解を表明する権利を保障する。その際、子どもの見解が、その年齢および成熟に従い、正当に重視される。

2　この目的のため、子どもは、とくに、国内法の手続規定と一致する方法で、自己に影響を与えるいかなる司法的および行政的手続においても、直接的にまたは代理人もしくは適当な団体を通じて聴聞される機会を与えられる。

第一八条

1　締約国は、親双方が子どもの養育および発達に対する共通の責任を有するという原則の承認を確保するために最善の努力を払う。親または場合によって法定保護者は、子どもの養育および発達に対する第一次的責任を有する。子どもの最善の利益が、親または法定保護者の基本的関心となる。

2　この条約に掲げる権利の保障および促進のために、締約国は、親および法定保護者が子どもの養育責任を果たすにあたって適当な援助を与え、かつ、子どものケアのための機関、施設およびサービスの発展を確保する。

3　（略）

通常の学級で学ぶ障がいのある子

通常の学級で学ぶ障がいのある子は、どのくらいいるのでしょうか。

文部科学省「特別支援学校等の児童生徒の増加の状況」（左頁）は、二〇〇九（平成二一）年度から二〇一九（令和元）年度における一〇年間の「増加」を示したものです。少子化傾向のもと義務教育段階の全児童生徒数が一〇七四万人から九七三万人に減る（〇・九倍）なかで、特別支援教育利用者は約二五万一〇〇〇人（全児童生徒の二・三％）から約四八万六〇〇〇人（同五％）に増えています（一・九倍）。在籍別にみると、特別支援学校が約一・二倍、小・中学校の特別支援学級が約二・一倍、通常の学級（通級指導）が約二・五倍の増加となっています。

特別支援学校・特別支援学級への希望者が増えているとはいえ、相当数の障がいのある子が通常学級で学んでいます。

通常の学級で学ぶ障がいのある子には、図の下段に記載されているように、「発達障害（ＬＤ・ＡＤＨＤ・高機能自閉症等）の可能性のある児童生徒：六・五％程度の在籍率」の子どもたちがまず想定されます。加えて、特別支援学校の対象とする就学基準である学校教育法施行令第二十二条の三に該当する者で通常の学級に在籍する障がいのある子（二〇一九年五月一日現在）が、小学校で一三四四人（うち通級指導を受けている者二二七人）、中学校で七二四人（同七六人）います（文部科学省「令和元年度　特別支援教育に関する調査結果について」の四頁「②学校教育法施行令第二十二条の三に該当する在籍者数」）。

図16　特別支援学校等の児童生徒の増加の状況（2009年度～2019年度）

2019（令和元）年5月1日現在

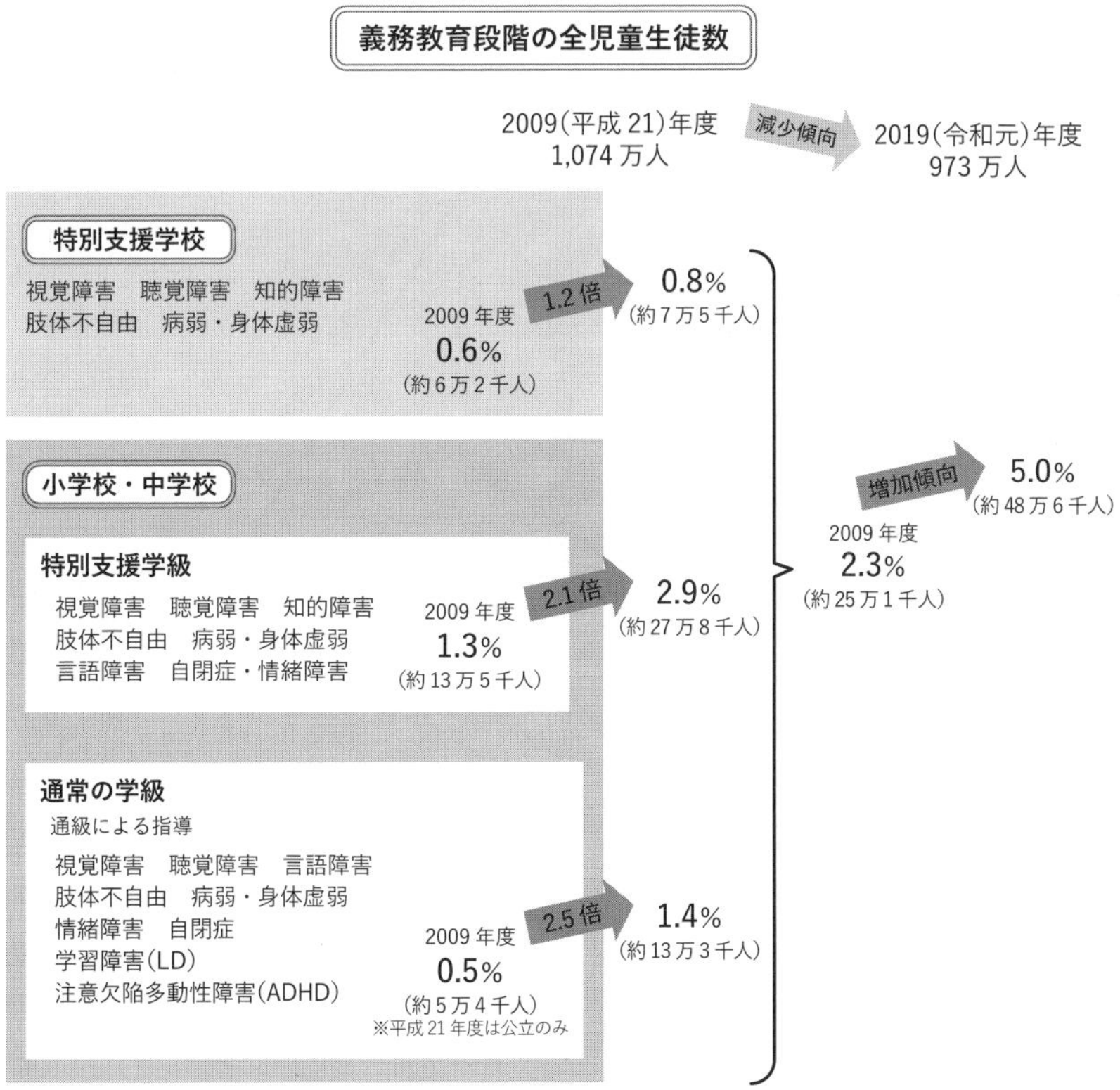

発達障害（LD・ADHD・高機能自閉症等）の可能性のある児童生徒：6.5%程度※の在籍率

※この数値は、平成24年に文部科学省が行った調査において、学級担任を含む複数の教員により判断された回答に基づくものであり、医師の診断によるものでない。

出典　文部科学省「【参考資料】特別支援教育の現状等」（令和3年10月5日）スライド2頁をもとに作成

☞ 掲載ウェブサイト

図17　日本の義務教育段階の多様な学びの場の連続性

同じ場で共に学ぶことを追求するとともに、個別の教育的ニーズのある児童生徒に対して、自立と社会参加を見据えて、その時点で教育的ニーズに最も的確に応える指導を提供できる、多様で柔軟な仕組みを整備することが重要である。小・中学校における通常の学級、通級による指導、特別支援学級、特別支援学校といった、連続性のある「多様な学びの場」を用意しておくことが必要。

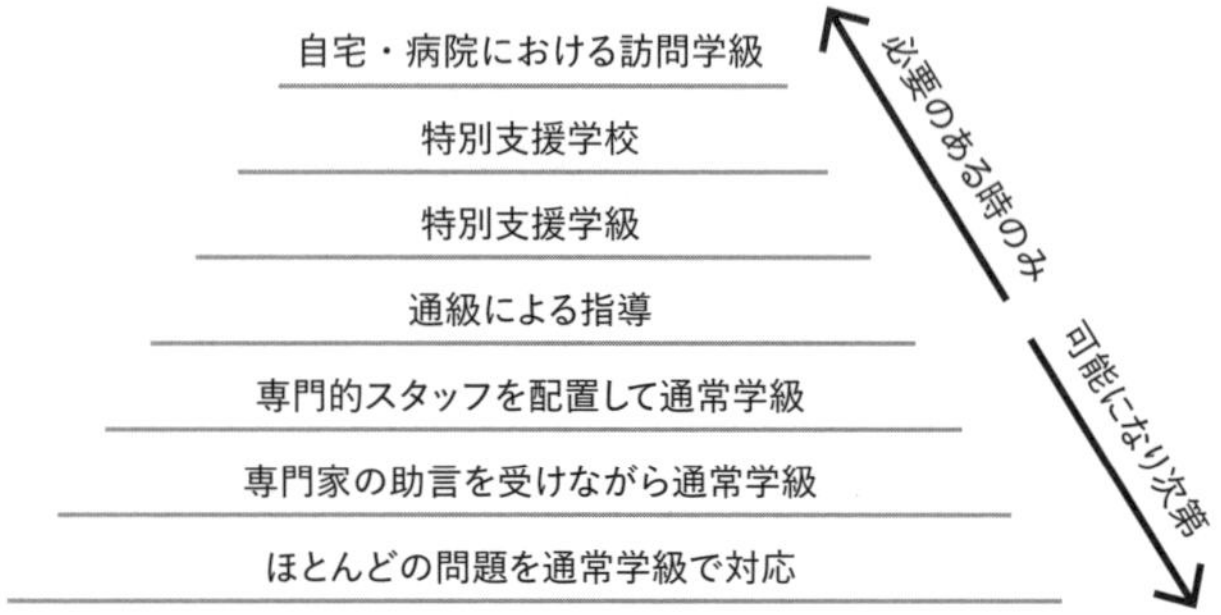

出典　中央教育審議会「共生社会の形成に向けたインクルーシブ教育システム構築のための特別支援教育の推進（報告）」2012年7月 参考資料4「日本の義務教育段階の多様な学びの場の連続性」をもとに作成

☞ 掲載ウェブサイト

通常の学級で想定される四種の学びの形態

中央教育審議会の二〇一二年インクルーシブ教育報告には、「日本の義務教育段階の多様な学びの場の連続性」という模式図が添えられています。通常の学級においては、「ほとんどの問題を通常学級で対応」「専門家の助言を受けながら通常学級」「専門的スタッフを配置して通常学級」「通級による指導」の四種の学びの形態を想定しています。しかし、これら四種の形態での学びを保障する基礎的環境整備やそのうえに考慮される合理的配慮の実現度合いは、自治体や学校によってさまざまといえましょう。

就学手続き過程における教育支援委員会での意見聴取・合意形成、「ヨコの連携&タテの一貫性」でふれた個別支援会議、そしてつぎに述べる就修学相談を大いに活用したいものです。

就修学相談を活用しよう

就修学相談においては、保護者の意向を尊重しつつ「豊かな連携」が築けるように現状を変革していく方向で、そして想定される就学先にそくして基礎的環境整備を見極め、合理的配慮を求めていくための援助をおこなう必要があります（就学のみの相談にとどまらず継続的な学びの相談をイメージして就修学相談と表記した）。

障がい児本人や保護者の「学校選択権」を強調するあまりに、就学手続き過程における就修学相談を軽視したり、敵対視する主張が見受けられますが、それは不適切だと思います。「親による虐待・放任・搾取からの保護」（第十九条）を同時に規定しているように、「子どもの権利条約」は、子どもの権利の保障と親権の行使が予定調和的に同じものになるとはとらえていません。就学に関しても、現行の択一システムのもとでは、保護者が判断を誤るケースもありうるわけです。そうならないためには、就学手続き過程において、障がい児本人や保護者が参加して合意を形成しうるシステムを確立させ、親権の行使が「子どもの最善の利益」の原則にかなうよう必要な専門的情報の提供をおこなわせ、「豊かな連携」を築くためのネットワークを形成させることが重要です。行政は一方的・機械的な「就学指導」ではなく、こうした就修学相談をこそ実施・提供すべきなのです。そして、就修学相談において果たすべき専門家の役割もまた大きいのです。

全国各地に、まだまだひとりぼっちで悩んでいる親がいるはずです。行政に期待できないとすれば、ぜひとも民間レベルで「就修学相談会」に取り組みましょう。放置しておいては、障がい児の就学をめぐる「貧しい選択」の現状は何も変わりません。親は誰しも、「家庭や地域で育てたい」という希望と同時に、「専門的な教育や必要な諸サービスを受けさせたい」という願いももっています。「豊かな連携」を築いて複数の目で育むために、障がい児の保護者と関係者が手を結びあい、知恵を出しあう機会を設けなくてはなりません。保護者は、基礎的環境整備や合理的配慮の言葉さえ初めてで、知らないことばかりです。

2　通常の学級の限界

障がいのある子が通常の学級で学ぶ教育的統合は「ともに学び育ちあう教育」を創造する営みでなければなりません。それには教育的統合を推し進める過程で、通常の学級の教育をも変革していく必要があります。真の意味での「ともに学び育ちあう教育」は、単に障がい児を通常学級の集団のなかに入れ込むだけで実現するのではなく、通常の学級での教育を含む教育全体の変革と教育実践の創造のなかでこそ達成可能だということです。

以下のような通常の学級の三つの限界を冷静に見きわめておく必要があります。

(1)　就学成熟（レディネス）論

第一に、就学前教育・保育から学校教育へのつながりが必ずしもスムーズではないということです。就学前からみた場合、学校教育はその延長上にあり、連続しているようにみえます。「統合保育でこんなに伸びているのだから、学校に進んでも統合教育を続けたい」と願うのも無理からぬことです。しかし、日本には、「学校は勉強をするところ」「就学前とは違う」という考え方があります。

明治三五（一九〇二）年ころ、就学年齢が「満六歳」でよいかどうかという論議がありました。学校を設置する目的は「教授」にあるとしたうえで、「児童は七歳（注——数え年の七歳は満六歳のこと）にて教授に堪ふる程精神上発達せるか」という「就学成熟」論争がおこなわれたのでした。その結果、第一学年に必要とされる力は、①読・書・算に要する注意力、記憶力および思惟力と、②最初の読み書きの術をおこなう準備たるべき神経、筋肉、骨格および関節の連関せる運動をおこなう力であるとされ、日本の子どもの場合にも満六歳でその「就学成熟」に達するとされました。そして同時に、「就学成熟」に達していない障がい児などについては、レディネス不足ゆえに「就学猶予・免除」にすべきであるとされたのでした。時代は変わったとはいえ、通常の学級にはこのような考え方で運営される傾向があります。

小一プロブレムへの対応も含めて、幼児教育の質的向上および小学校教育との円滑な接続について、中央教育審議会の「幼児教育と小学校教育の架け橋特別委員会」で審議が行われています。その際、「幼児教育スタートプランのイメージ」のもとで「幼児期に育む『10の姿』」、すなわち「幼児期の終わりまでに育ってほしい姿」が明確化されようとしています（一五〇頁、図18）。「幼保小の架け橋プログラム」という名のもとで提示された、形をかえた「就学レディネス」と言えなくもありません。

(2) 一斉画一《いっせいかくいつ》授業の弊害

第二に、通常の学級においていまなお支配的な一斉画一授業に代表される「硬さ」からくる問題があります。現在の通常の学級での教育方法は、発達や学習上の課題の違いにかかわりなく、障がい児に対してつぎの三つの制約を一律に与えがちです。

図18　幼児教育スタートプランのイメージ／
幼児期に育む「10の姿」（幼児期の終わりまでに育ってほしい姿）

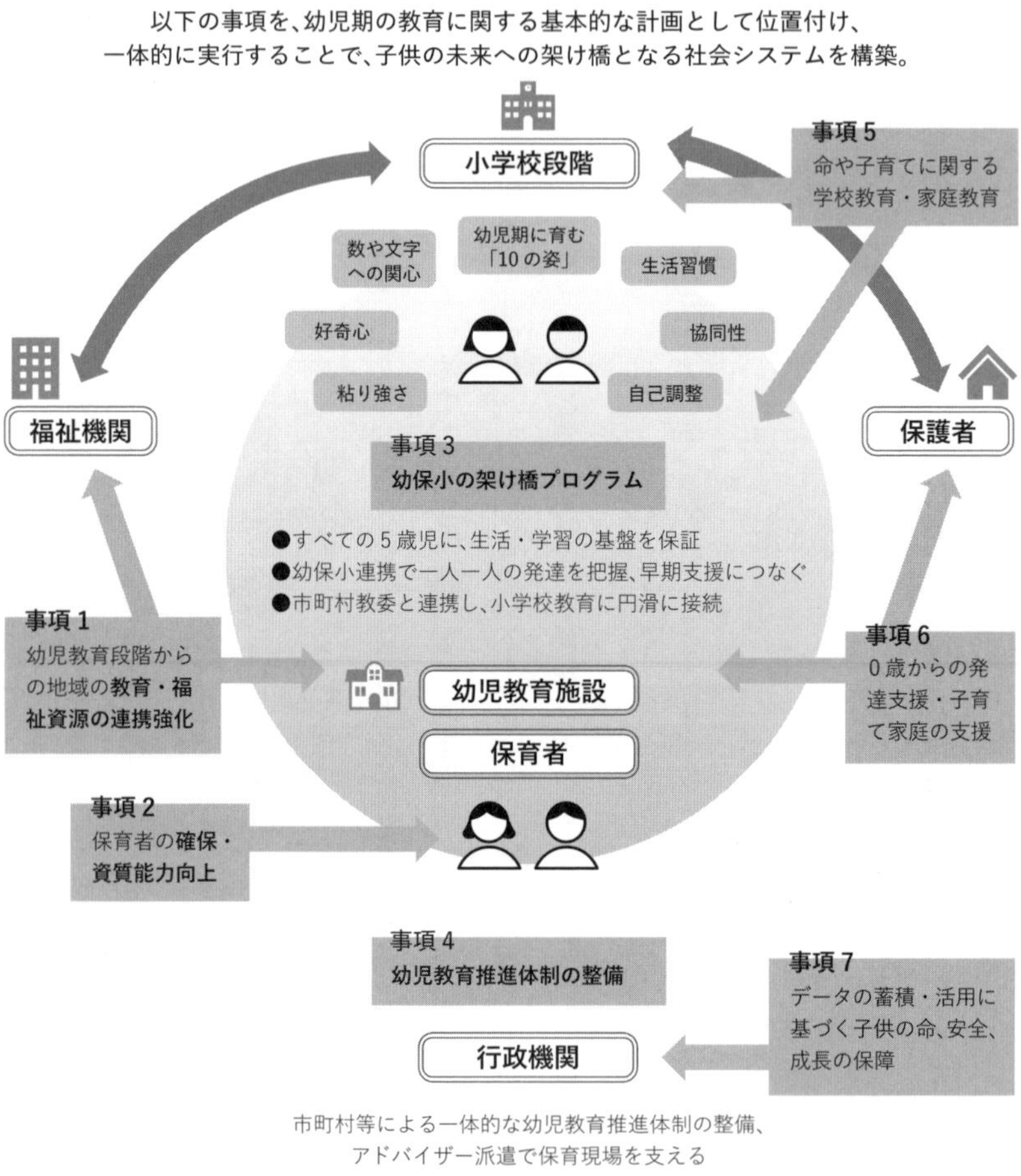

出典　文部科学省「幼児教育と小学校教育の架け橋特別委員会（第1回）」（2021年7月）配付資料の「資料3　主な論点（案）」2頁をもとに作成

☞ 掲載ウェブサイト

① 座学。すなわち、四角い机に一定の定められた時間おとなしく座っていることだけを強要しがちです。

② 同一進度・同一教材での学習。学習の個性化や少人数教育、チームティーチング（複数教師による指導）が唱道されるようになってはいますが、実態としては一斉画一授業がまだ大勢を占めています。しかも、学年が進み受験が近づくにつれて、能力主義的で管理主義的な教育が幅をきかせるようになっていきます。

③ チャイムによる分刻みの生活。就学前には比較的ゆったりと流れていた生活リズムを、あらかじめセットされた時計仕掛けの学校の時程表（たとえば、授業四五分、休憩一〇分）に無理に合わせなければなりません。学習する教科も毎時間くるくると変わって、脈絡のない活動になりがちです。

通常学級での教育的統合を進めようとあせるとき、保護者も教師も、子どもに合った学校を創ろうとするのではなく、学校に子どもを合わせようとしてはいないでしょうか。「どれだけ長く、どれだけおとなしく、机に向かっていることができたか」――これが障がい児に与えられる評価の視点だとしたら、実に悲しいことです。

一方で、「主体的・対話的で深い学び」（アクティブ・ラーニング）やＩＣＴ活用によって一斉画一授業の姿が大きく変わりつつあります。しかし、この変化に対応できない障がい児がいることもまた確かです。

(3) 教育条件の不整備

第三に、教育条件の不整備の問題です。この章の冒頭に引用したスウェーデンの統合教育の記事で見落とされがちなのが、きめ細かい教育条件の整備に関する記述です。盲学校は学校としては廃止されたものの、視覚障がい児教育センターとしてその活動を拡大していると紹介されています。

> もと盲学校の教師であった巡回教師が州から派遣され、担任、補助教員、盲児に訓練や助言をする。（中略）
> 親や教師たちがこのセンターへ、盲児の心理、授業法、点字、補助具、情報交換などの講習を受けに来る。盲児も点字、そろばんや計算器を使った算数、日常生活訓練などの補習を受けることができる。このほか、医療クリニックや心理カウンセリングもある。
> 盲児を受け入れた普通学校担任はこのセンターで数日間の講習を一年に三回受ける。また、盲児には点字のできる補助教員がつき、必要な教材を用意したり、科目により授業の補佐をする。ペーテル（盲児の名前――引用者注）の場合には慣れるまで、学校の往復にアシスタントがつく。
> （前掲『朝日新聞』「スウェーデン／盲学校を全廃・普通校で教育／子ら生き生き・社会性を身に」）

特別支援教育法制のスタートによって、特別支援学校が地域のセンター的機能をあわせもつことになりましたが、まだ不十分です。また、通常の学級の定員も国レベルでは小学校の「三五人学級化」が進行中ですが、小学校でのさらなる少人数化、中学校における少人数化は自治体まかせになっています。特別支援教育コーディネーターも指名にとどまり、専任の配置ではありません。通常学級に学ぶ障がい児に専門指導を提供する通級指導教室は、本来なら各校に必置でもよいはずなのですが、まだそこまでには至っていません。

3　教育的統合実現へのさまざまな試み

教育的統合の支援策

以上のような通常の学級の限界をふまえたうえで、教育的統合をまず推進しうるのは、通常の学級の教育課程をともに履修可能な障がい児でしょう。「主体的・対話的で深い学び」（アクティブ・ラーニング）の視点に立った新しい「学習指導要領」（小学校二〇二〇年度～、中学校二〇二一年度～、高等学校二〇二二年度～）やICT活用を前提として、通常の学級における教育課程を履修することが困難な障がい児は、むしろ「特別な教育課程」を権利として要求すべきであるといえましょう。その際、複数の教育課程を同一の学級で併用する方式がふつうにはとられていない（僻地《へきち》校の複式学級などは例外）日本の現状では、「特別な教育課程」が必要な障がい児に関しては重複籍の試みや居住地校交流を進めるなどしつつ、特別支援学級や特別支援学校に学習の場を求めることになると思います。このことに関連して、現状として通常の学級が「学びの場」になっていないのだから、学習にはいっさいこだわらずに統合させて、友だちづくりに重きをおけばよいという見解もあります。しかし、冒頭で「ともに学び育ちあう教育」について述べたように、私は「学び」を通しての「育ちあい」を重視したいと思います。のちにもふれますが、教育的統合を推進することを通して、逆に通常の学級に「学びあい」を回復したいと願っています。

さて、通常の学級の教育課程を履修することが可能な障がい児の教育的統合を積極的に進めるために、現在の教育課程を前提とした場合でも、つぎのような支援策が考えられます。

第一に、一人担任による一斉指導方式を改めて、複数担任制やチームティーチング方式を導入するなど、指導方法の改善を進めることです。欧米では、日本の四〇人（三五人）学級よりも学級規模が小さいうえに、障がい児を統合する場合には編制標準をさらに小さくしているところもあります。一年生からの不適応として「小一プロブレム」が問題となっている今日、通常の学級への教職員の配置を大胆に充実することが必要でしょう。

第二に、教材・教具を開発することです。弱視児用の拡大教科書（通常の文字の四倍の面積）の刊行が進められていますが、さらには点字教材などの無償提供がおこなわれるべきです。

第三に、施設の改善や設備の充実により、バリアフリー（障壁がとりのぞかれた）やユニバーサルデザイン（万人に共通）の環境を整えることです。トイレの改造、スロープや手すりの整備、補聴器のためのループアンテナの設備、誰にでもわかる表示や案内などが考えられます。

第四に、教育的統合を支える多職種のスタッフを配置することです。特別支援教育支援員、通学や校内の移動を援助する介助職員（すでに配置を進めている自治体もある）、特別支援学校や教育センターから巡回してアドバイスする専門スタッフなどが必要でしょう。プロローグで紹介した『友だち百人できるかな』には、全盲児の統合教育の試みを国立特殊教育総合研究所（現在の独立行政法人・国立特別支援教育総合研究所）のスタッフがバックアップしていたことが記されています。

特別支援学校が対象とする「障害の程度」の規定（学校教育法施行令第二十二条の三）の背景として、「視覚障害特別支援学校」（盲学校）への就学は「点字教育の必要性」が大きな指標となっています。しかし、点字教育を盲学校が独占する時代は終わろうとしています。盲学校を教育センターとした夏休みなど長期休業中の補習コース、巡回や外来による指導で点字教育を保障しつつ、通常の学級でも点字教材の公的保障をおこなえば、全盲児の統合教育はもっと広がるでしょう。また、高度難聴児の統合教育も、通常の学級への手話・指文字の導入や補聴器用ＦＭシステムの整備などによって、「聴覚障害特別支援学校」（聾学校）と連携を保ちつつ進めることができます。そして、肢体不自由児の統合教育も、バリアフリー環境の整備やＰＣ端末の導入・ＩＣＴ活用によって、専門的なリハビリや自立活動の保障を併行しつつ推進できるでしょう。

§参考情報　文部科学省「拡大教科書、点字教科書」、文部科学省「特別支援学校（視覚障害）点字教科書編集資料」、日本弱視者ネットワーク「拡大教科書問題」、中央教育審議会「別表（合理的配慮・三観点十一項目）」。

「通級による指導」の活用

教育的統合を推進するうえで、一九九三年度はひとつの画期の年でした。専門家以外には、ほとんど知られていないのですが、その年度から障がい児も通常の学級で学ぶ統合教育が公的に認められたのです。それが「通級による指導」（通級指導）です。通級指導とは、通常の学級に学んでいる障がい児に、「通級指導教室」（リソースルーム）への通級や専門教師の巡回指導によって、「特別な教育的ケア」を保障しようという制度です。

特別支援教育支援員とは

二〇〇七年度からの特別支援教育法制化にあわせて、全国的に「特別支援教育支援員」の配置が進んでいます。その目的は、発達障害を含むさまざまな障がいのある児童生徒に対して、小・中学校での学校生活上の介助や学習活動上の支援を進めようというものです（二〇〇九年度からは幼稚園、二〇一一年度からは高等学校にも拡大）。二〇二一年度において各校に一名〜複数名は配置できる予算措置がなされています。

ただし、注意すべきことは、必ずその目的に使用させる紐付き補助金ではなく、各自治体の判断にまかされる地方交付税のなかに含まれているということです。地方財政措置はおこなわれていますが、それを趣旨どおりに各校各一名以上の特別支援教育支援員の配置に使うこともできれば、さらには自治体独自に上積みしてより手あつい配置にしたり、逆に他の目的（たとえば公共工事）に回すこともできるのです。

国の地方財政措置を受けて、自治体では「特別支援教育支援員の配置」をきちんと予算化しなければなりません。もし、あなたの学校で未配置ないし少数であれば、学校管理職、教育委員会、自治体の議員や職員にさっそく知らせてあげましょう。悪意からではなく、勉強不足からまだ知らない関係者もいるからです。

すでに配置されている場合には、有効に機能しているか点検してみましょう。人数は足りているか、専門性は期待どおりか、打ち合わせや研修をする時間も確保されているか（子どものいる曜日・時間のみで放課後等の雇用が認められていないケースが少なくない）などです。

§参考情報　文部科学省「概念図『特別支援教育支援員』の地方財政措置について」、「パンフレット『特別支援教育支援員』を活用するために」（二〇〇七年六月）」、文部科学省「新しい時代の特別支援教育の在り方に関する有識者会議　報告」（二〇二一年一月）の「（参考資料10　有識者会議参考資料）スライド13　特別支援教育支援員の地方財政措置について」など。

学校教育法施行規則（※傍線引用者）

第百四十条　小学校、中学校、義務教育諸学校、高等学校又は中等教育学校において、次の各号のいずれかに該当する児童又は生徒（特別支援学級の児童及び生徒を除く。）のうち当該障害に応じた特別の指導を行う必要があるものを教育する場合には、文部科学大臣が別に定めるところにより、（中略）、特別の教育課程によることができる。

一　言語障害者

二　自閉症者

三　情緒障害者

四　弱視者

五　難聴者

六　学習障害者

七　注意欠陥多動性障害者

八　その他障害のある者で、この条の規定により特別の教育課程による教育を行うことが適当なもの

第百四十一条　前条の規定により特別の教育課程による場合においては、校長は、児童又は生徒が、当該小学校、中学校、義務教育学校、高等学校又は中等教育学校の設置者の定めるところにより他の小学校、中学校、義務教育学校、高等学校、中等教育学校又は特別支援学校の小学部、中学部若しくは高等部において受けた授業を、当該小学校、中学校、義務教育学校、高等学校又は中等教育学校において受けた当該特別の教育課程に係る授業とみなすことができる。

通級指導は、いままでにない画期的な側面をもっています。

第一に、くりかえしになりますが、「特別の教育課程」による指導の必要な障がい児が通常の学級に学んでいることを正式に認めたことです。小・中学校における障がい児の統合教育を正式に承認したことです。

第二に、児童・生徒の在籍を問わずに、通級指導教室の設置を認めたことです。特別支援学級は、在籍児が一人でも存在しなければ開級できません。これに対して、通級指導教室は通常の学級に在籍しながらこれを並行利用する形になります。病気やケガのときに保健室を利用するように、障がい児に限らず「特別な教育課程」が必要な場合には、通級指導教室が利用できるのです。将来的には、保健室や図書室と同様にすべての学校に学習支援室を設置して、そこに学習支援教師が配置されることが望まれます。

第三に、通常の学級と特別支援学級および特別支援学校との「豊かな連携」づくりへの道を制度的に開いていることです。通級指導を拡大するには通級指導教室を増設する必要がありますが、特別支援学校が開設することもできます（鳥取県では、鳥取聾学校および同ひまわり分校の難聴・言語通級に加えて、養護学校にも発達障がい通級が設けられています）。また、既存の特別支援学級や特別支援学校に余裕があれば、それらを「交流及び共同学習」の一環や教育相談として並行利用することも認められています。通級指導は、「障害に応じた特別の指導」について、自立活動の指導または（および）、各教科の内容を補充するための特別の指導を週一～八単位時間を目安に提供します（高等学校の場合は中学校と同じ通級指導時間を可能とするために、年間七単位を超えない範囲で在学する高等学校等が定めた全課程の修了を認めるに必要な単位数のうちに加えることができる）。そして、子どもが通う通級だけでなく、教師が巡回する方法も通級指導制度に含まれています。しかも、自校通級のみでなく他校通級も可能であり、他校通級の際には特別支援教育就学奨励制度（七二〜七三頁）にもとづく通学費が支給されます。

なお、これまで通級指導教員の配置はおおむね対象児童生徒一三人に教員一人が目安とされてきましたが、二〇一七年度からは義務標準法のなかに基礎定数として位置づけられ予算的裏付けが堅固になりました。通級指導については、その制度や動向を熟知したうえで活用していくことが肝要です。

§参考情報　文部科学省「（参考）通級による指導の現状」。文部科学省「『障害に応じた通級による指導の手引解説とQ&A（改訂第三版）』（文部科学省 編著）より抜粋」。文部科学省「高等学校における通級による指導」。文部科学省「高等学校における『通級による指導』実践事例集」。文部科学省「発達障害に関する通級による指導担当教員等専門性充実事業　実践事例集」。文部科学省「初めて通級による指導を担当する教師のためのガイド」。

位置的な統合の試み

島根県の中部にあるO市は人口四万人ほどです。そこでは、二一世紀に向けた小さくても理想の養護学校をつくろうと父母・住民の運動が続けられてきました。こんな養護学校がほしいという当時の一言書きには、「地域や家庭のなかで子どもを育てたい」「スクールバスがほしい」「寄宿舎もほしい」「高等部はぜひほしい」「障害種別をこえた総合養護学校」「小・中学校のなかにある養護学校」などと記されていました。

そして、二〇〇五年度より中学校の一棟を改修して養護学校の分教室（小・中学部）がスタートしました。さらに、市内の高等学校に高等部分教室を開く取り組みが進み、二〇〇九年度から開設されています。

さまざまな願いは、一つひとつをみれば、いまの日本に実際に例のあることがらばかりで、けっしてとっぴな内容ではありません。二〇〇七年度に法制化された特別支援学校には複数の障がい部門を置くことができます。また、最後にある願いについても、小・中学校と位置的に（校舎や敷地を）統合した特別支援学校が、実は日本にあるのです。

横浜市立の特別支援学校のなかには、設置主体が同じ市立の強みを生かして、小学校と位置的統合した学校があります。「校舎は中でつながっているため、子ども達は自由に行き来できるようになっています」（東俣野特別支援学校ＨＰ「校舎・施設」）と案内されているように、単に敷地を共有しているにとどまらず、校舎自体が接続しており、特別支援学校と小学校は廊下でつながっています。ですから、休み時間などになると、小学校の児童が自由にやってきて自然に交流する姿がみられるのです。特別支援学校の専門的機能を保障しつつ、子どもたちとの日常的な交流を促進する試みのひとつであり、横浜市方式とでも呼びうる注目すべき施策です。

近年、特別支援学校高等部への進学者が増え続け、高等部の増設・増築ニーズが高まっています。一方、高等学校は定員削減により、空き教室や空き校舎が出ています。財政難から新設・新築がむずかしい状況のなかで、高等部（高等部単独の特別支援学校や高等部の分校・分教室など）を高校に併設する自治体も増えています。

今後、特別支援学校を新増設する場合には、通常の学校との位置的統合が積極的に進められるべきでしょう。また、特別支援学級を複数設置するよりも、特別支援学校の制度を活用したほうが学校設置基準や教職員定数が有利になることが少なくありません。教育諸条件を充実しつつ、位置的に統合された小規模の特別支援学校（分校・分教室を含む）を各地域に分散配置することも可能です。さらには、既存の特別支援学校に最寄りの地域の子どもたちを受け入れることによって、逆統合を進める発想もなくはないのです（日本でも幼稚部ですでに試みている学校がある）。

§参考文献　渡部昭男「日本における盲・聾・養護学校の位置的統合」『鳥取大学教育学部研究報告 教育科学』第三七巻第一号、一九九五年。文部科学省初等中等教育局特別支援教育課「資料　小・中・高等学校における特別支援学校の分校または分教室等の設置状況」『季刊　特別支援教育』第二七号、二〇〇七年。冨永光昭・平賀健太郎「高等学校における養護学校の分校・分教室設置による位置的統合に関する研究―全国四七都道府県教育委員会への質問紙調査を通して―」『障害児教育研究紀要』第三〇号、二〇〇七年。大蔵みどり「逆統合保育の幼稚園」『幼児の教育』第九六巻第六号、一九九七年。

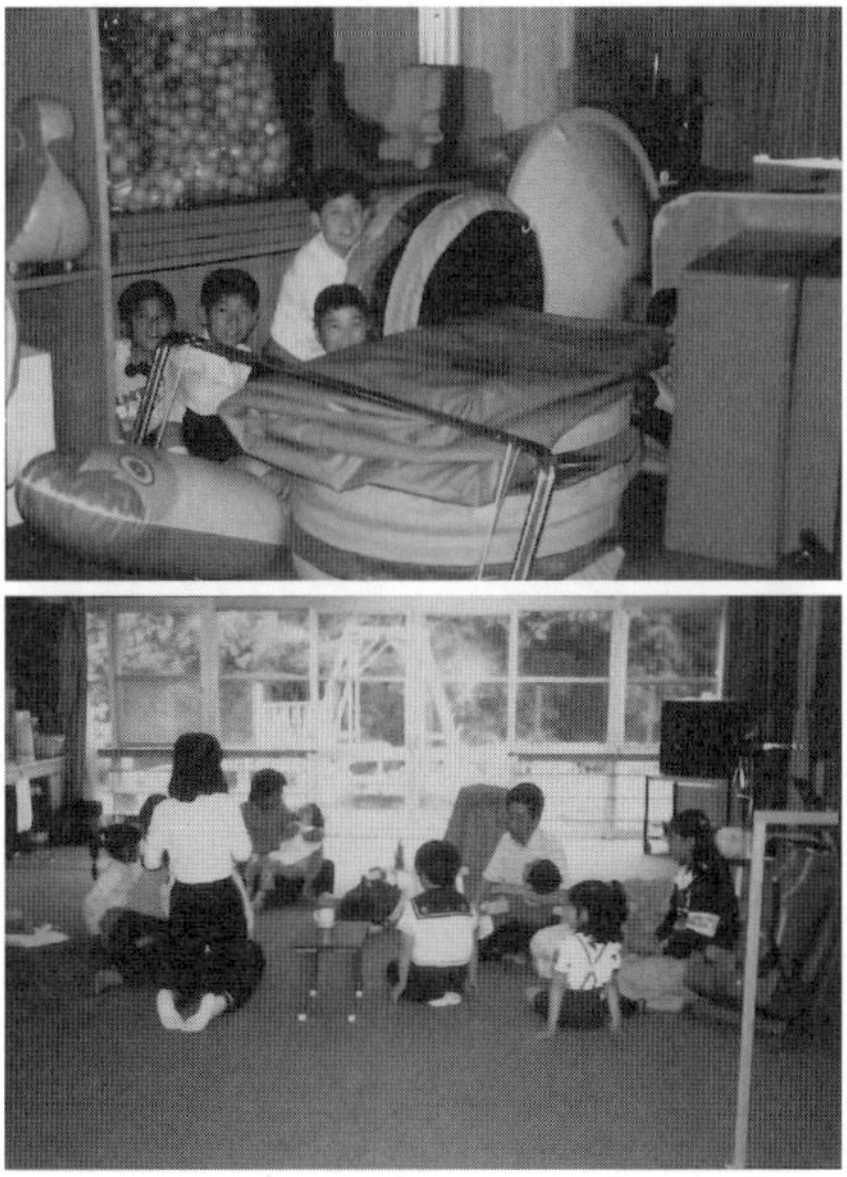

小学校の子どもが“朝の会”に自然に参加する姿もみられる（いずれもN養護学校にて筆者撮影）

学校外での育ちあいも

放課後や祝・祭日、夏休み期間中など、「学校外」の時間帯に障がい児の発達を保障する環境を整えることも大切です。学校と学校外活動との連携、このことは、学校週五日制（二〇〇二年から完全実施）のもとでは、ますます重要になっています。教育的統合に関しても、学校教育をすべてととらえるのではなく、学校において手薄な側面を「学校外」で補うことも工夫のひとつです。

まずは、家庭における工夫です。

学校外で最も大きな位置を占めているのは、いうまでもなく「家庭」です。学校で過ごす時間は、一日のうちでも四分の一かせいぜい三分の一程度ですし、一年（およそ五二週間）でも三五週間ほどにしかすぎません。学校にまかせきりにするのではなく、家庭でも子どもの発達にふさわしい子育てをおこなっていくことが、いかに大切かがわかります。放課後や休暇中の生活を充実させるとともに、地域の子どもたちと遊ぶ機会を意識的につくったり、一人ひとりに応じた指導を補うなどしてはいかがでしょう。

自宅を遊び場や地域文庫として開放したり、誕生会などの家庭行事を企画して友だちを招くこともよいでしょう。必要ならばボランティアを組織したり、家計が許せば学生アルバイトを依頼する方法もあります。

通常の学級の教育課程の履修に多少の困難がある場合には、親自身が教師用指導書（各教科書会社が市販している）を購入して学校での指導のノウハウを知っておくなり、学校での配布プリントを一枚余分にもらうようにするなどして、親子で予習・復習をしたり、ドリルなどで習熟の時間を補ったりします。学校で学習している事柄を、生活や遊びのなかに取り入れて生かす工夫も大切です。トランプ、かるた、しりとりなどの遊びや料理、配膳、掃除、といったお手伝いのなかに、学校の学習と関連した要素がたくさん含まれているものです。

また、スイミング、ピアノ、お絵描きなどのけいこ事・習い事を通して、障がいのある子が趣味や特技をもてるようにすることも、積極的な取り組みです。人生八〇年（一〇〇年）時代、障がいはあっても人生を楽しむ力を伸ばすことが大切です（章末にある「アートスペースからふる」の案内を参照のこと）。

全国的には、地域のなかでどのような学校外活動がつくられているでしょうか。学童保育所や児童館で障がい児を受けとめている自治体があります。おもちゃ図書館を開設しているところもあります。障がい児を含めて文化・スポーツ活動を活発に展開している地域もあります。公的な機関によるサービス、商業ベースにのった事業、ボランティアなどによる民間の活動など、活用できるものがさまざまにあるでしょうし、不十分ならば自らつくり出していくこともできます。

一か月前後にもおよぶ夏休み。一学期に積み上げたものが休みの間に崩れてしまう「発達退行現象」が、九月になると話題になることがあります。夏休みを充実させるためには、保護者もそれなりの準備と取り組みをしなければなりません。季節学童保育所を利用して毎日の保育の場を確保したり、サマースクールや水泳教室を子ども会で開いてみませんか。こうした活動に補助金制度や施設使用料の割引制度を設けている自治体もあります。ボランティア組織も、地域の社会福祉協議会などに問いあわせると連絡先がわかります。

児童福祉法に定める「放課後等デイサービス」（第六条の二の二の4）に加えて、二〇一九年度からは「新・放課後子ども総合プラン」（内閣府、厚生労働省、文部科学省）が障がい児も含めて進んでいます。

一方、学校外において同じ障がいのある仲間の集団を保障することも必要なことです。通常の学校で学びながら特別支援学校を並行利用するシステムは、障がい児の仲間をつくるメリットももっているのです。また、障がいのある子どもの親の会に参加したり、発達障害支援センターなどの関係機関を活用することも大切です。

§参考情報　厚生労働省「児童福祉法の一部改正の概要について」、文部科学省「放課後デイサービスについて」、内閣府「新・放課後子ども総合プラン」、文部科学省「新・放課後子ども総合プラン」、障害のある子どもの放課後保障全国連絡会（全国放課後連）のホームページなど

「どの子にもわかる授業」の創造

全盲児をクラスの一員に迎えて指導を工夫した故・篠崎恵昭氏は、統合教育が結局はどの子にも「わかる授業」をつくることにつながったことを強調しています。少し長くなりますが、引用してみましょう。

> 私自身をふり返ってみても、「とても大変なのでは」という不安の念はかくし切れませんでしたが、一年の一学期の終り頃には、大変という気持ちはどこへやら、「目立たない子」の一人になってしまいました。つまり手のかかる特別な存在ではないという脳味噌の入れ替えができてきたからだと思います。それは、障害のある子どもによく理解できるような授業づくりは、いわゆる「できない子」が分かるように授業をすることと同じだということが、観念ではなく事実として見えてきたからであり、また、五体満足な私たちは見える故に見過ごしていることが、一美によって「ハッ」とさせられる場面が多々あったからでもあります。
>
> 教科の本質は子どもたちに生きて働く力として定着しない限り無意味ですし、それを通して未知なものへは光明を、偏見予断には科学で脱皮を迫るものです。私はそういう意味で授業の創造に心がけたつ

もりです。今、私は、統合教育の本来の意味は単に「いっしょ教育」の場の提供ではなく、障害があっても一個の人間として平等に、また相補って教科の学習を推進すると同時に、その過程で本当の人間と人間の触れ合いをもつことではないかと考えています。

（篠崎恵昭『友だち百人できるかな』日本放送出版協会、一九七八年、一八四～一八五頁）

映画にもなった「みんなの学校」

大阪成蹊大学に赴任してから講義準備の過程で出会ったのが、映画にもなった「みんなの学校」です。受講生には、まず「映画『みんなの学校』公式サイト」（約二分）を視聴してもらいました。「この街の子どもなら／誰でも通える／ふつうの公立小学校…」「すべての子どもに／居場所がある学校を」「学校が変われば／地域が変わる／そして社会が／変わっていく」、画面に流れるテロップ、映画の魅力を伝えるキャッチコピーが、教職志望の学生たちの心をぐっとつかみ寄せます。

続いて、「学校組織力の向上『みんなの学校』をつくるために」の研修動画（約二五分）で、木村泰子元校長からさまざまなことを教えてもらいます。木村先生は、「パブリックの学校の理念」とはとまず問いかけ、「すべての子どもの／学習権を保障する学校をつくる」という「当たり前のこと」の再確認から始めます。「学校はあるものではなく『つくる』もの」「子どもが　保護者（サポーター）が／地域住民が　教職員が／『自分の学校を　自分がつくる』」というように学校の在り方を問い直し、「すべての子どもを多方面から見つめ全教職員のチーム力で育てる」ことに話題は進んでいきます。そして、「困っている子が困らなくなる学校」

にするには子どもたちの前に居る教職員の「日常の対話（雑談）から始まります」と、締めくくっています。

§参考情報　映画『みんなの学校』公式サイト、NITS独立行政法人教職員支援機構「学校組織力の向上『みんなの学校』をつくるために（大阪市立大空小学校元校長 木村泰子先生）：校内研修シリーズNo.72」。

§参考文献　木村泰子『「みんなの学校」が教えてくれたこと：学び合いと育ち合いを見届けた三二九〇日』小学館、二〇一五年。木村泰子『「みんなの学校」流 自ら学ぶ子の育て方：大人がいつも子どもに寄り添い、子どもに学ぶ！』小学館、二〇一六年。

教育的統合が成功する学級・学校・社会とは、どの子の「教育を受ける権利」も実質的に保障される学級・学校・社会なのです。このように、教育的統合は障がい児ばかりでなく、本来的にすべての子どもに利益をもたらす試みです。このことに、強く確信をもっていただきたいと思います。

【第三刷時の追記（二〇二四年一月）】

①文部科学省は「通常の学級に在籍する特別な教育的支援を必要とする児童生徒に関する調査」（二〇二二年一～二月実施）の結果を公表しています。それによると、「学習面又は行動面で著しい困難を示す」者の推定値は、小中学校で八・八％、高等学校で二・二％でした（前回の二〇一二年調査時の数値は一四五ページに掲載）。詳細は下記をご覧ください。（文部科学省　掲載ウェブサイト☞）

②共同研究を進めている三人の本を紹介いたします。①垂髪あかり『〈ヨコへの発達〉とは何か――障害の重い子どもの発達保障』日本標準、二〇二〇年、②國本真吾『ライフワイドの視点で築く学びと育ち――障害のある子ども・青年の自分づくりと自分みがき』日本標準、二〇二三年、③金丸彰寿『「共生」の教育創造に向けた〈関係形成〉〈理解・認識〉の内容と創造――京都府下における「共同教育」実践の遺産』風間書房、二〇二四年を、ぜひご参照ください。

Q　国の補助金がないので、介助職員／看護師を配置することはできない。そこで、通常の学級に入れるなら親が付き添うようにと言われたのですが。

A　学校は、家庭とは異なる大人と子どもの集団を保障しうることが魅力です。保護者の付き添いが全面的に禁じられるべきであるとはいえず、教育的に必要な場合などケースバイケースで判断されるべきでしょうが、教育条件の不備から付き添いを強要することは適切ではありません。

たしかに、特別支援学校とは異なってこれまで小・中学校には国の制度として介助職員の配置はありませんでした。けれども、特別支援教育支援員の配置が二〇〇七年度から始まりました。また、医療的ケア児支援法（二〇二一年）によって、学校の設置者はその設置する学校に保護者の付添いがなくても適切な医療的ケアその他の支援を受けられるよう、看護師等の配置その他の必要な措置を講ずることになりました（第十条）。文部科学省も、公立学校に看護師らを配置する自治体への支援を強化するために、学校教育法施行規則を見直して学校の支援スタッフに看護師らを追加する見込みです（二〇二一年七月一一日付 時事ドットコムニュース「学校に看護師ら2800人　医療ケア児の通学支援――文科省」）。

たとえば在籍児一人で特別支援学級を開設すれば教員が一人確保でき、実態に応じて通常学級との「交流及び共同学習」を組んだり、必要な個別指導も可能になります。さらに、市町村独自で介助職員や補助の教職員を加配しているところもあります。国の制度を柔軟に活用しつつ、独自の施策も充実させていくのが望ましいと思います。

Q 統合教育を希望するなら、スロープや手すりの設置、トイレの改造などの経費の一部を負担するようにと、「受益者負担」を理由に申し渡されたのですが。

A 大規模改造事業に該当する場合には国から補助金が出ることになっています（文部科学省「国庫補助事業について」）。しかし、トイレの洋式化や段差の解消、スロープや手すりの設置などは、各自治体の教育予算の範囲でおこなえることが多く、教育委員会や学校長の裁量で実施されています。教育行政は教育諸条件を整備する義務を負っていますので、特別の事情があって個人の所有物（専用のポータブルトイレなど）を持ち込む場合を除いて、公費負担が原則です。スロープや手すりの設置、トイレの改造などは障がい児にのみ使用が限定されるのではなく、低学年児や骨折などで松葉杖を使用する児童生徒、障がいのある保護者や学校を利用する高齢者にも有用なのです。障がい児（者）にやさしいバリアフリー環境は、すべての人々へのやさしさ（ユニバーサルデザイン環境）に通じるといえましょう。

ところで、文部科学省では学校施設のバリアフリー化等の推進に関する調査研究協力者会議の報告書公表にあわせて「学校施設バリアフリー化推進指針（二〇二〇年一二月）」をまとめ、また学校施設の在り方に関する調査研究協力者会議の検討にあわせて小学校・中学校の「学校施設整備指針」を改訂する（二〇一九年）とともに、幼稚園・特別支援学校・高等学校の「学校施設整備指針」も公開しています。たとえば、「小学校施設整備指針」の「第一章総則」には、「6特別支援教育の推進のための施設」という項があります。具体的には、「教育上特別の支援を必要とする児童に対して、障害による学習上又は生活上の困難を克服するための教育を行うため、一人一人の児童の教育的ニーズを踏まえた指導・支援の実施を考慮した施設環境を計画することが重要である」として、スロープや手すり、便所等のバリアフリー対応などが例示されています。

Q　民間の治療機関で毎日指導を受けさせています。ここでの取り組みを学校教育の代わりに認めてもらうことはできないでしょうか。

A　外国では、家庭教育や親たちの共同私塾での教育をもって学校教育とみなす国もあります。しかし、日本の義務教育制度は、保護者の「教育を受けさせる義務」ではなく「就学させる義務」を定めており、あくまでも学校就学を原則としています。したがって、指定された学校に就学したうえで、民間機関の利用を授業時数に含めうるかどうかという判断になります。

　ところで、不登校児については、「一人一人の状況に応じて、教育支援センター、不登校特例校、フリースクールなどの民間施設、ＩＣＴを活用した学習支援など、多様な教育機会を確保する必要があること。また、夜間中学において、本人の希望を尊重した上での受入れも可能であること」が通知されています（二〇一九年一〇月二五日付「不登校児童生徒への支援の在り方について」元文科初第六九八号通知）。民間機関の利用がどのような扱いになるのか、学んでいる学校や設置者である教育委員会に尋ねてみましょう。

Q　教員以外のスタッフを増やしてチームを組む「チーム学校」が進んでいるとききました。

図19　「チームとしての学校」のイメージ

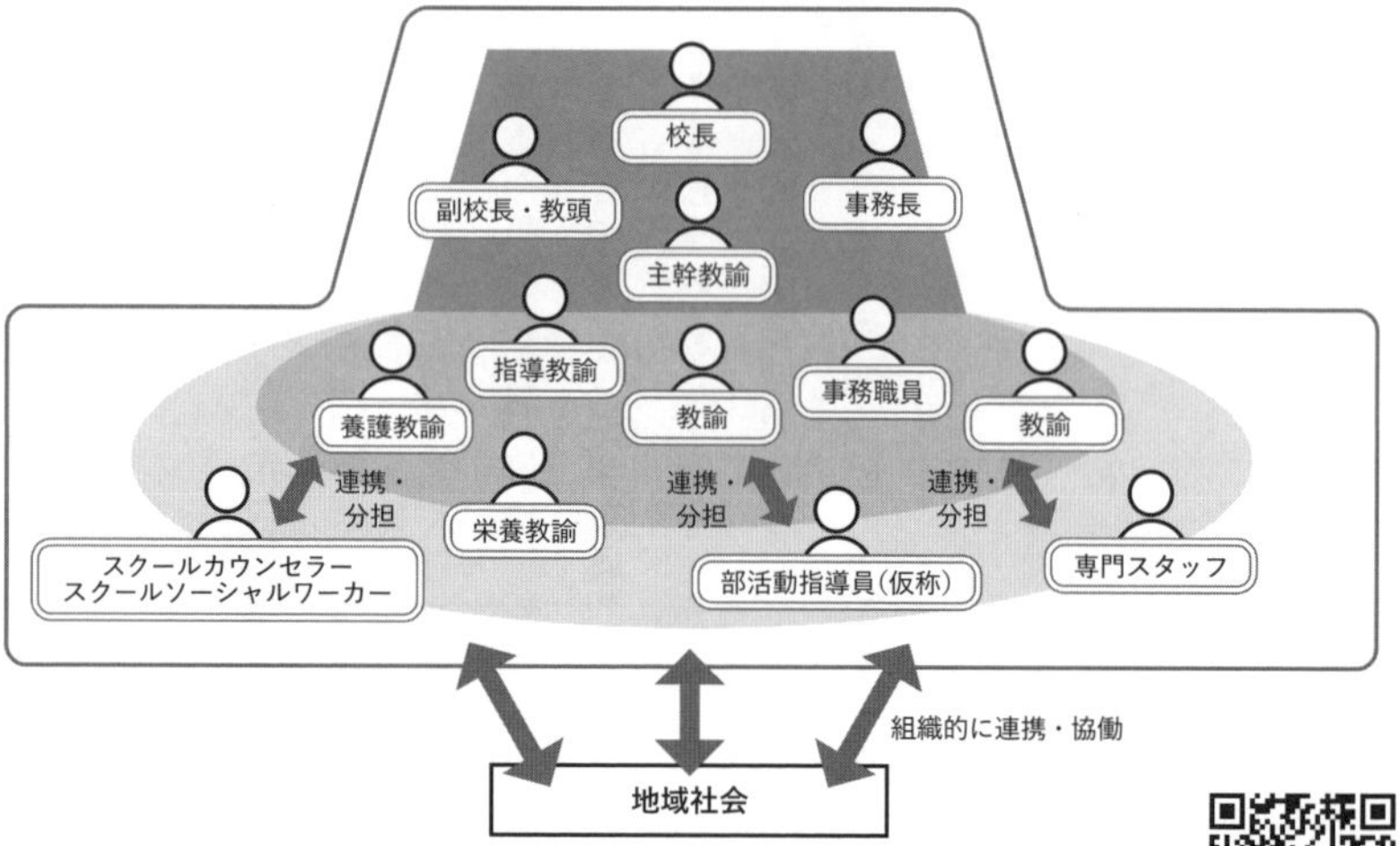

出典　文部科学省「チームとしての学校の在り方と今後の改善方策について（答申）概要」（2015年）２枚目をもとに作成

☞ 掲載ウェブサイト

A　二〇一五年に「チームとしての学校の在り方と今後の改善方策について（答申）」（中教審第一八五号）が出されました。イメージ図（図19）にあるように、従来の教職員に加えて、スクールカウンセラー、スクールソーシャルワーカー、専門スタッフ（ＩＣＴ支援員、学校司書、外国語指導助手など）、部活動指導員などを配置して、教職員が全校で連携・分担・協働を進めようというものです。他に、「特別支援教育に関する専門スタッフ」として、医療的ケアをおこなう看護師等、特別支援教育支援員、言語聴覚士（ＳＴ）・作業療法士（ＯＴ）・理学療法士（ＰＴ）等の外部専門家、就職支援コーディネーターが例示されています。

Q　**「新しい時代の特別支援教育の在り方」という報告書について教えてください。**

A

二〇二一年一月に「新しい時代の特別支援教育の在り方に関する有識者会議　報告」が出されました。多岐にわたっていますが、「共に学ぶ活動の充実」箇所を以下に引用しておきます。

特別支援学級と通常の学級の子供が共に学ぶ活動の充実（※傍線引用者）

　教師の専門性の向上等による特別支援学級の充実とともに、特別支援学級の児童生徒が、特別支援学級に加え、在籍する学校の通常の学級の一員としても活動するような取組が重要である。こうした観点から、子供の障害の特性や個々の学習の状況等を勘案しつつ、ホームルーム等の学級活動や給食等について、可能な限り共に行うことが必要である。また、教科学習についても、児童生徒の障害の状態等を踏まえ、共同で実施することが可能なものについては、年間指導計画等に位置付けて、年間を通じて計画的に実施することが必要である。その際、可能な限り、両学級の教育内容の関連の確保を図るとともに、通常の学級においては、引き続き、ユニバーサルデザインや合理的配慮の提供を前提とする学級経営・授業づくりを進めていく必要がある。なお、特別支援学級の教師は当該学級の児童生徒の教育的ニーズに対応するために配置されていることに留意する必要がある。

§参考情報　「新しい時代の特別支援教育の在り方に関する有識者会議　報告」☞掲載ウェブサイト

アートを仕事に

やりたい事を仕事にする。

障がいがあっても職業選択の自由がある。

一人では難しいこともなかまや、家族、支援者、ともだち、応援してくれるひと、通りすがりのひと、みんなで力を寄せ合えば、可能性は広がる。


“絵を描くと、みんながほめてくれる。

それが嬉しいから仕事にしたい。

たくさんの人に自分の絵を見てほしい。”

その思いを助けたい。

誰かの助けになる、
そのことが自分の力になる

アートスペースからふるは、ノーマライズな社会の実現、福祉と経済の両立を目指しています。

一般社団法人 アートスペースからふる
〒680-0037 鳥取県鳥取市元町101（若桜街道商店街）
お問い合わせ先
TEL/FAX 0857-35-0191
E-mail art.colourful.105@ncn-t.net
HP https://art-colorful.com/
ホームページはこちら

「ともに学び育ちあう教育」が「アートスペースからふる」の目指すノーマライズな社会の実現へとつながっている

エピローグ

思春期・青年期を見とおして

進級・進学おめでとう

春は、入学とともに進級・進学の季節でもあります。一般には、進級とは学年が進むこと、進学とは学校階梯《かいてい》が進むことをいいます。

ところで、「ところてん方式」という言葉をご存じでしょうか。学習内容の修得いかんにかかわらず、学年の経過に応じてどんどん進級させ、ところてんを押し出すように卒業させてしまう日本の義務教育の現状をたとえた言葉です。

しかし、進級とはそもそも「各学年の課程の修了」を意味し、卒業とは所定の全課程を修了したことをいうのです（学校教育法施行規則第五十七・五十八・七十九条）。戦前ですと、「課程を修了しない者は進級・卒業させないぞ」ということになるのでしょうが、国民が「教育を受ける権利」の主人公となった戦後において、この規定は「各学年の課程を修了できるように、わかりやすくていねいに教えてもらうことが権利なのだ」と読みとれます。こうした考え方を、戦前の「悪しき課程主義」と区別して、「新しい課程主義」と呼んだりもします。原級留置《とめおき》、いわゆる留年についても、「留年させられた」という受け身から「わかるまでやり直す」「教育保障年限を延長する」という積極的・能動的な活用法へと転じて、「権利としての留年」という発想さえ生まれています（「コラム　訪問教育制度」〔六三頁〕における訪問教育児の留年はこれにあたる。その際、保護者の就学させる義務は「満十五歳に達した日の属する学年の終わり」〔学校教育法第十七条〕で消失することとなるが、子どもの「教育を受ける権利」は年齢にかかわりなく存在し、教育行政の権利保障義務も継続する）。

こうしたことからも、通常の学級において「わかる授業」をつくり出し、本来的な「学び」の機能を発揮させなければなりません。そうなれば、「進級・進学おめでとう」もむなしい響きを含まないで、本当の意味で祝福の言葉となることでしょう。

なお、高等学校の進級・卒業に関しては、単位制と学年制を組みあわせたシステムになっています。高等学校における全課程の修了、すなわち卒業は「七十四単位以上を修得した者」（学校教育法施行規則第九十六条）に認定されることになっているのですが、小・中学校と同様に「各学年の課程の修了」を積み上げていくことになっています。したがって、第一学年の課程の修了認定に必要な単位が不足していると第二学年には進級できず、第一学年をもう一度やり直すことになります。例外的に、学年制の併用規定を取り払った単位制高等学校（学校教育法施行規則第百三条）にあっては、大学のように個々の必要単位を重ねていけばよいことになります。ただし、通常学級で学ぶ知的障害生徒のなかには何の配慮もないままに落第が続いて、結果として中途退学になるケースもみられます。この点、特別支援学校の高等部にあっては、小・中学部と同様に学年制をとっていますので、平素の成績を評価して進級・卒業認定をおこないます（学校教育法施行規則第百三十五条第二項）

就学措置の変更

進級・進学にかかわって、在籍の学級・学校を変わる措置変更について説明しておかなければなりません。いままで通常の学級に学んでいた場合にも、学年が上がるにつれて、特別支援学級や特別支援学校に就学先を変更する事例が少なくありません。一方、措置変更には、特別支援学級ないし特別支援学校から通常の学級への変更もあります。特別支援学校全体で、二〇二〇年度において一万一八九八人の転入があった代わりに、四七九六人の転出が報告されています（小・中・高および国公私立の計、学校基本調査二〇二〇年度）。呉・金丸・赤木らの共同研究では、「一九九三年度（約〇・二一％）から二〇一三年度（約一・二六％）入学児童にかけて『転籍率』が増加傾向を見せている」、「年々、小学校一年生時点での通常学級の在籍率が減少している」、「学年ごとの在籍率においては、第一期（実線の一九六八〜一九八〇年度入学児童――引用者注）が四年生以降は在籍率の変化がないのに対し、第三期（長い破線の一九九三〜二〇一三年度入学児童――同）では六年生まで継続的に減少している」「第三期、つまり現代においては、小学校・通常学級が、入学時点および六年間を通して、障害児を包摂できない環境になりつつあることを強く示唆している」と指摘しています。気になるのは、特別支援教育法制がスタートした二〇〇七年、そして中教審のインクルーシブ教育報告が出た二〇一二年と直近になるほどに、なぜか小学校通常学級児童の転籍率が上がり、小学校通常学級の在籍率が落ちていることです。

こうした転籍に伴う措置変更にあたって、どのような事務手続きがあるのでしょうか。

教育支援委員会による転級・転校などの措置変更の調査・審議は、就学予定児だけでなく、すでに就学している障がい児も対象におこなわれます。措置変更の時期はとくに決まっておらず、年間を通じておこなわれます。

措置変更は保護者側が希望を出すことで始まるほかに、担任や校長から打診がある場合もあります。その打診は、各学期の終わりおよび教育支援委員会の開催を控えた秋にかけて多いようです。あいまいにせず、

図20　1968-2018年における小学校通常学級在籍児童の「転籍率」

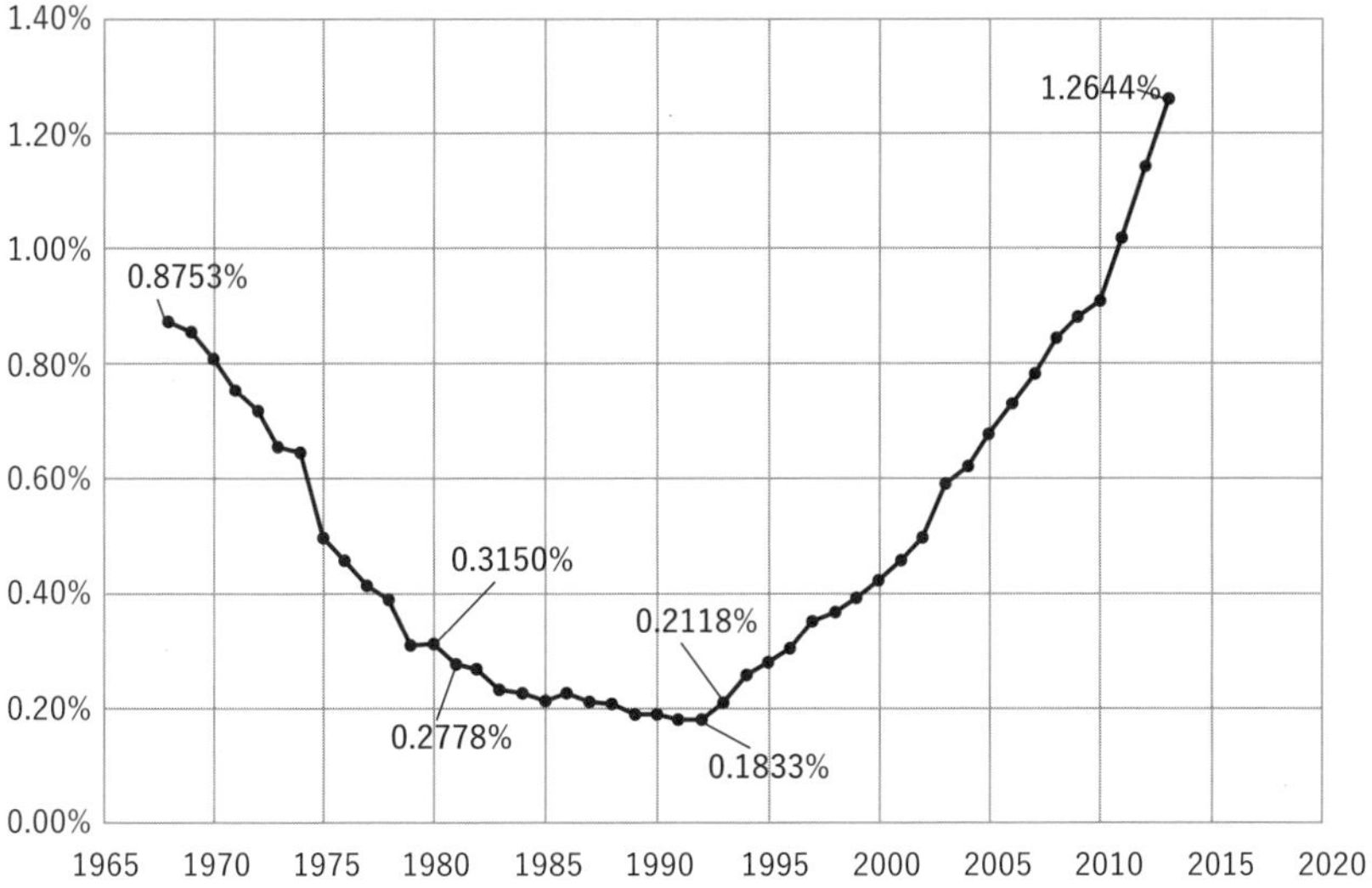

図21　1968-2013年度入学児童における小学校通常学級の「在籍率」の推移

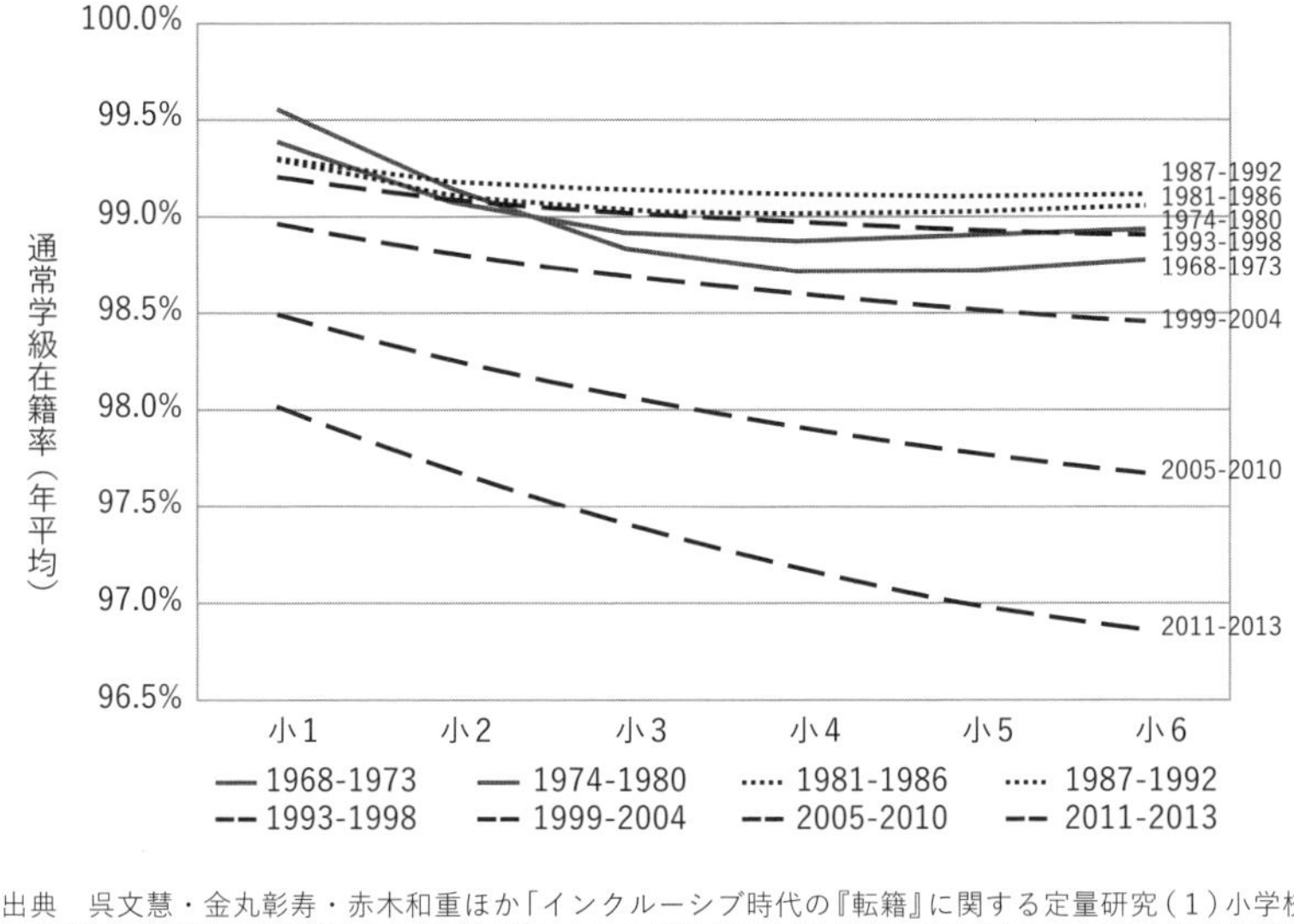

出典　呉文慧・金丸彰寿・赤木和重ほか「インクルーシブ時代の『転籍』に関する定量研究（1）小学校通常学級在籍児童の『転籍率』の定義と算出方法の提案」「同（2）1968―2018年における小学校通常学級在籍児童の『転籍率』の歴史的変遷」「同（3）1968―2018年における小学校通常学級の『在籍率』の推移」すべて日本特殊教育学会第57回大会（2019年9月）ポスター発表。

親の希望もよく伝えて、納得がいくまで、話し合われるとよいでしょう。

なお、教育委員会側の措置変更の判断に不服がある場合には、入学時と同様に行政不服審査請求ができ、さらに裁判に訴えることもできます。

§参考文献　赤木和重（研究代表者）大塚真由子・金丸彰寿・呉文慧「なぜ特別支援学級・学校の在籍児は急増しているのか？――排除としての『途中転籍』に注目して」公益財団法人博報児童教育振興会二〇一九年度第一四回児童教育実践についての研究助成研究成果報告書、二〇二〇年。

思春期・青年期を見とおす――三段ロケット方式

さて、中学校段階への進学は、大きな節目であります。

中学校段階は、九年間の義務教育の最後の三年間にあたります。したがって常識的には、中学校段階への進学は、小学校段階の教育の成果のうえにたって検討されるべきです。しかし教育制度のうえでは、中学校段階は、高等学校段階を含めた中等教育の前期三年間にあたります。また、日本全国を覆う「受験競争教育」のなかでは、中学校関係者の多くが、小学校との接続というよりは、高等学校への進学のほうに熱心になっているのが実態といえましょう。保護者のなかには、「有名中学校」や中高一貫校に進学させる選択傾向も強くあります。また、小学校からの変化が大きすぎて、中学校での学習や生活になじめない「中一ギャップ」という言葉さえ生まれています。そうであれば、障がい児の場合にも、中学校卒業後の進路・進学を視野に入れながら、中学校段階への進学についてよく考える必要が出てきます。

それは、高校受験という現実的な問題からだけではありません。中学校段階にあたる一二～一五歳といえば、第二次性徴が始まり、思春期まっただなかでもあります。

思春期に始まる青年期は、その名の示すように〝春（スプリング）〟、人生において最も躍動的な時期です。わが子の青年期をいかに充実したものにできるか、十分に考えたうえで、六歳の就学、一二歳の進学を考える必要があると思います。私は、一八歳までを六年ごとに区切った「三段ロケット方式」で考えてはどうかとアドバイスしています。発達の基礎をつちかう乳幼児期（就学前）―学力の基礎を固める学童期（小学校段階）―自分づくりを進めて社会参加の力を養う思春期・青年期（中学・高校段階）です。思春期・青年期は、子どもから大人への移行期にあたります。いままでの自分を壊して、新しく自分を創っていく時期でもあります。人生における「第二の誕生」ともいわれるこの時期の「自分づくり」をいかに援助できるか、これまでにも増して教育保障のありかたが重要となってきます。

§参考文献　渡部昭男・寺川志奈子監修『「自分づくり」を支援する学校』明治図書、二〇〇五年。渡部昭男『障がい青年の自分づくり――青年期教育と二重の移行支援』日本標準、二〇〇九年。全国障害者問題研究会兵庫支部『実践、楽しんでますか？　発達保障からみた障害児者のライフステージ』クリエイツかもがわ、二〇一七年。

中学校への進学

青年期の入り口にありながら青年期らしい教育が保障されず、教師も保護者も生徒も、誰もが否応なく「受験競争教育」に追い込まれていく。これが、いまなお日本の中学校が抱える最大の問題でしょう。

第一に、校区と学校規模の拡大があげられます。

中学校へは、いくつかの小学校の卒業生が進学してきます。一般的にいって、校区は広がり、同一学年の学級数が増えます。子どもの生活空間や交友関係が広がることが期待される一方で、通学距離が延び、学校と居住地域とのつながりが薄れ、心身の発達、生活・学習上の思春期の崩れや非行などトラブルが拡散する心配もあります。

第二に、教科担任制の問題です。

教科の学習はますます抽象度を増し、ともすると生活から遊離した受験学力の重視に陥りがちです。授業についていけない者の比率が増し、学校によっては、「習熟度別学習」も登場します。中学校教員免許状は、各教科ごとに授与されています。したがって、授業も学級担任制ではなく教科担任制で進められ、教科に応じて教師が入れ替わります。男性教員が多いのも特徴のひとつです。ただし、特別支援学級の場合には、一貫した教育をおこなう必要から学級担任制をとるところもあります。

第三に、生活指導・生徒指導の問題です。

性の問題や思春期の崩れ、非行などに対処しようと急ぐあまり、校則を厳しくしたり、体罰を加えたり、管理主義的な教育になりがちです。ともすると、一人ひとりに応じた配慮をきらい、一律の指導を強いがちです。

以上のように、中学校によって抱える問題はさまざまだと思われますが、小学校よりも深刻な状況にあることはたしかです。障がいのある子が中学校で生き生きと学び、ともに育ちあっていくためには、関係者の相当な努力と工夫が求められているといえましょう。

ところで、中学校進学時は「就学時健診」のような一斉健診はありませんが、小学校就学時に準じて就修学相談が進められます。中学校の進学に際しても、「障害の程度」（学校教育法施行令第二十二条の三）が適用され、就学すべき学校指定がおこなわれますので、第一章の「就学の事務手続き」を参考にしてください。なお、個々の中学校の判断による側面も大きいので、早い時期に学校見学などされてはいかがでしょうか。進学をテーマにした個別支援会議を開くなど、事前に信頼関係を築き、合意にもとづいて進学が迎えられるよう準備してください。

高等学校への進学

ただちに完全統合ということは困難だとしても、可能な教育的統合は高等学校を含む中等教育段階にあっても推進されなければなりません。

「競争選抜」「学校間格差」「中途退学」など、日本の高等学校教育は解決すべき多くの問題を抱えています。その高等学校教育においてどのような教育的統合の推進策が想定されるのでしょうか。

まずは、現行の入試制度のもとであっても、受験機会を開く必要があります。成績が上位であったにもかかわらず筋ジストロフィー症であることを理由に不合格とした「市立尼崎高等学校入学拒否事件裁判」の判決（一九九二年三月一三日、神戸地裁）は、障がい者が「その能力の全面的発達を追求する」ことの権利性を認め、「障害」を唯一の理由として入学の途を閉ざすことを不当であると断じました。

この点、全国的には、障がいのある者に高等学校への受験機会を開く方向にあります。文部科学省も、その方向で各教育委員会の指導を進めています。一九八八年度入試に際して、色覚異常に関する制限を改善するよう全国的な指導がなされたのも、その一例です。

二〇一六年には障害者差別解消法がスタートし、内閣府リーフレットには不当な差別的取り扱いの具体例として「学校の受験や、入学を拒否する」が明示されたのです。また、同年から適用された「文部科学省所管事業分野における障害を理由とする差別の解消の推進に関する対応指針」では、「入学試験や検定試験において、本人・保護者の希望、障害の状況等を踏まえ、別室での受験、試験時間の延長、点字や拡大文字、音声読み上げ機能の使用等を許可すること」が例示されています（左頁、図22）。

公立高校の入試における「障害者受験特別措置」についてみると、点字受験、拡大文字冊子、時間延長などが導入されています。口述筆記、ワープロ受験、代筆、記述式の問題を選択式に変える、筆記の得点率を英語のヒアリングの得点にするなどの特別措置もみられます。しかし、特別措置のメニューも一様ではないので、受験を希望する高校および教育委員会に照会・相談することをおすすめします。個別の事前協議制度を設けているところがほとんどです。なお、都道府県教育委員会が実際に行った「高等学校の入学試験における発達障害のある生徒への配慮の事例」（二〇〇八年調査）も公表されています。

入学後の障がいのある生徒の修学保障の取り組みについては、スロープや手すりの設置、トイレの改善などバリアフリー環境の整備に続いて、特別支援教育支援員の配置、通級による指導の適用などが広がりはじめた状況であり、高校において「特別な教育的ケア」を保障しきるまでにはいたっていません。この点にか

図22　高等学校入学者選抜における障害のある生徒への配慮について

【障害者差別解消法】

○ 不当な差別的取扱いの禁止

国・地方公共団体（国公立学校を含む。）　⇒　法的義務

事業者（学校法人など）　⇒　法的義務

（例）入学の出願の受理、受検、入学を拒否

○ 合理的配慮の提供

国・地方公共団体（国公立学校を含む。）　⇒　法的義務

事業者（学校法人など）　⇒　努力義務

（例）別室での受験、試験時間の延長

施行：平成28年４月１日

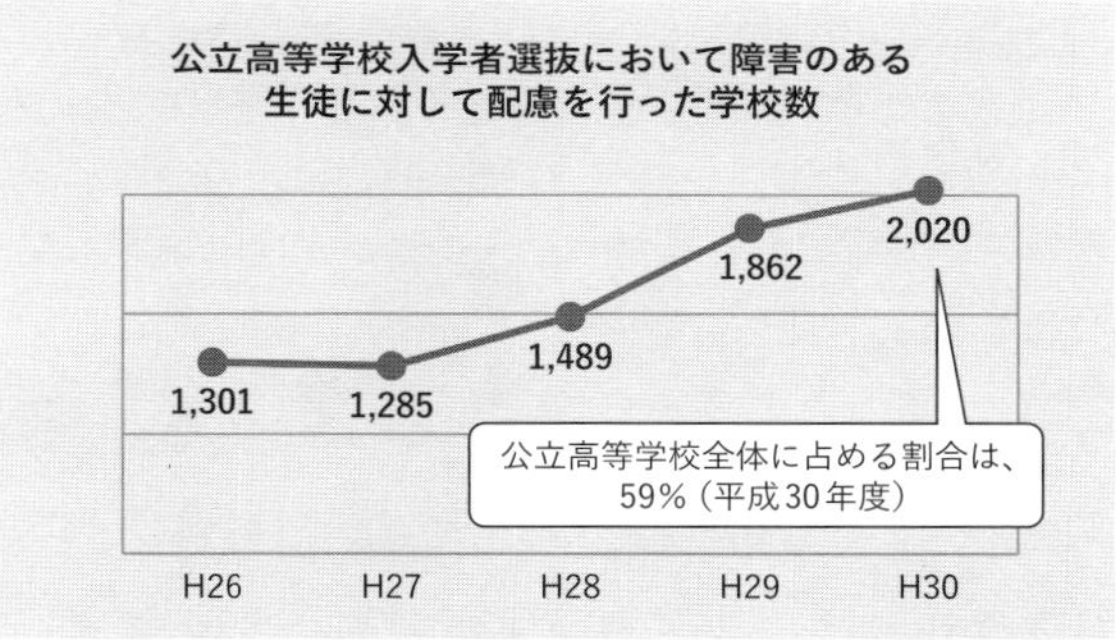

【不当な差別的取り扱い、合理的配慮等の具体例】

1　不当な差別的取扱いに当たり得る具体例

障害のみを理由として、以下の取扱いを行うこと。

○　学校への入学の出願の受理、受検、入学、授業等の受講や研究指導、実習等校外教育活動、入寮、式典参加 を拒むことや、これらを拒まない代わりとして正当な理由のない条件を付すこと。

○　試験等において合理的配慮の提供を受けたことを理由に、当該試験等の結果を学習評価の対象から除外したり、評価において差を付けたりすること。

3　合理的配慮に当たり得る配慮の具体例

（３）ルール・慣行の柔軟な変更の具体例

○　入学試験や検定試験において、本人・保護者の希望、障害の状況等を踏まえ、別室での受験、試験時間の延長、点字や拡大文字、音声読み上げ機能の使用等を許可すること。

「文部科学省所管事業分野における障害を理由とする差別の解消の推進に関する対応方針（平成27年11月9日告示）抜粋」

出典　文部科学省「日本の特別支援教育の状況について　令和元年９月25日『新しい時代の特別支援教育の在り方に関する有識者会議』」、スライド90番をもとに作成

☞ 掲載ウェブサイト

かわって、学校教育法第八十一条で認められている特別支援学級は高校にはほとんど開設されていませんが、たとえば大阪府では知的障がいのある生徒を高校に受け入れて支援する施策（高校のカリキュラムや授業内容を工夫して受け入れる「知的障がい生徒自立支援コース」、職業学科を設置する府立知的障がい高等支援学校の分教室を設置して受け入れる「共生推進教室」）が進んでいます。

一方、特別支援学校の高等部は、二〇〇〇年度からの高等部での訪問教育の制度化を受けて、希望者全員が進学できるようになっています。特別支援学校中学部卒業者の進学率（高等部・高校など）は九〇％台ないし一〇〇％近くがあたりまえとなっています（二〇二〇年三月卒業者――視覚障害校九九・五％、聴覚障害校九九・五％、知的障害校九八・七％、肢体不自由校九八・三％、病弱校九四・一％）。特別支援学級の卒業者の場合も九〇％をこえています（同――中学校特別支援学級九四・三％、義務教育学校特別支援学級九六・九％）。ですから、入学は希望者全入制であり、進級認定も日常の成績を評価した学年制という高等部制度を活用して、すでに紹介したように高等部（分校、分教室など）を高等学校に位置的に統合するのも、高校改革が進みにくいなかにあって教育的統合を進めていく工夫のひとつだと思います（高等学校の場合には学校設置者が特別支援学校と同じ都道府県であることも有利な条件にあげられます）。

§参考情報　内閣府「平成28年4月1日から障害者差別解消法がスタートします！」。「文部科学省所管事業分野における障害を理由とする差別の解消の推進に関する対応指針」（二七文部科学省告示第一八〇号）。二〇一五年一一月二六日付「文部科学省所管事業分野における障害を理由とする差別の解消の推進に関する対応指針の策定について」（二七文科初第一〇五八号通知）。文部科学省「資料2　高等学校の入学試験における発達障害のある生徒への配慮の事例」。文部科学省「高等学校における特別支援教育の現状と課題について」。大阪府「リーフレット『高等学校におけるともに学び、ともに育つ教育の推進』」。大阪府「大阪府立高等学校における知的障がいのある生徒の教育環境整備方針」。

専攻科への進学

高等部（本科）卒業後の進学率は、視覚障害校・聴覚障害校が三五％前後であるのに対して、知的障害校は〇・四％、肢体不自由校が二・一％、病弱校が四・八％となっています（二〇二〇年三月卒業者）。盲・聾学校の時代から専攻科の設置が進んでおり、また視覚・聴覚障害のある者を対象とした高等教育機関として筑波技術大学（一九八七年に短期大学として開学。二〇〇五年より四年制）があります。他の特別支援学校に関しても、高等部本科に続いて今後は一八歳以降に継続した専攻科活用の時代に入ると推測されます。旧養護学校の特別支援学校高等部の専攻科は私立の七校にしかありませんでしたが、二〇〇六年度には国立ではじめて鳥取大学附属特別支援学校に開設され、その後に私立で二校増えて現在は一〇校（国立一校、私立九校）となっています。ほかに私立高校、専修学校、NPO法人の学園のなかに専攻科が設けられています。

さらには、福祉制度を利用した「福祉（事業）型専攻科」「福祉型大学」の開設が続いています。

☞全国専攻科［特別ニーズ教育］研究会ウェブサイト

§参考情報　文部科学省「特別支援学校専攻科に関する実態調査　平成二四年度」。

§参考文献　渡部昭男「障がい青年の自分づくりと二重の移行支援」岡本正・河南勝・渡部昭男編『福祉事業型「専攻科」エコールKOBEの挑戦』クリエイツかもがわ、二〇一三年。三木裕和編・鳥取大学附属特別支援学校著『七転び八起きの「自分づくり」――知的障害青年期教育と高等部専攻科の挑戦』今井書店、二〇一七年。全国専攻科研究会『障がい青年の学校から社会への移行期の学び 学校・福祉事業型専攻科ガイドブック』クリエイツかもがわ、二〇二一年。

大学等への進学

専攻科等への進学に加えて、一般の大学等への進学機会の拡大を今後はさらに推し進めていく必要があるでしょう。

大学などの教育機会の拡大は、まだ不十分な点を残すものの、前進をみた部分もあります。

たとえば、文部科学省は「大学入学者選抜実施要項」にもとづいて入学者選抜をおこなうよう全国の大学・短大などに通知し指導していますが、「令和4年度大学入学者選抜実施要項」には「障害のある者等への配慮」として以下のように書かれています。

> (2) 障害等のある入学志願者に対しては……その能力・意欲・適性、学習の成果等を適切に評価・判定するために必要な合理的配慮を行い、障害のない学生に比べて不利にならないよう配慮する。(中略)
>
> ① 点字・拡大文字による出題、ICT機器の活用、拡大解答用紙の作成など
>
> ② 特定試験場の設定、試験場への乗用車での入構、座席指定の工夫など
>
> ③ 試験時間の延長、文書による注意事項の伝達、試験室入り口までの付添者の同伴、介助者の配置など(中略)
>
> (3) 各大学は、障害等のある入学志願者に対し、アドミッション・ポリシー、募集人員、出願要件、出願手続、試験期日、試験方法、試験場、入学検定料その他入学に要する経費の種類・額やその納入手続・期限など、出願等に必要な事項の伝達においても、合理的配慮を行うものとする。

また、入試における配慮の内容や受入実績を募集要項やホームページ等に掲載するなど、情報アクセシビリティに配慮しつつ広く情報を公開するとともに、事前相談の時期や方法について十分配慮しつつ事前相談体制の構築・充実に努める。

国公立大学の第一次試験として一九七九年度から導入された大学入試センターの「共通第一次学力試験」において「身体障害者受験特別措置」が実施されたことが、各大学などでの第二次試験の改善に大きな影響を与えました。そして、一九九〇年度からの「大学入試センター試験」にも引き継がれて、今日にいたっています（具体的な配慮については、一八九頁「大学入試センター試験における受験上の配慮」参照）。二〇二〇年度から始まった「大学入学共通テスト」については、大学入試センターのホームページに公表される最新の情報を参照してください。

このように受験機会は拡大されつつあります。加えて、施設・設備や教育方法の改善、支援サービスの提供など、入学後の修学保障についても、障害者差別解消法の二〇一六年度からの施行や、「障害のある学生の修学支援に関する検討会報告（第二次まとめ）」（二〇一七年三月）を受けて、各大学等には障がい学生支援の部署が設けられさまざまに取り組みが進んでいます。独立行政法人・日本学生支援機構では、「障害学生」にかかわる修学実態や修学支援の情報を発信しています。参考にしてください。

§参考情報　二〇一五年一二月九日付「文部科学省所管事業分野における障害を理由とする差別の解消の推進に関する対応指針について」（二七文科高第八四九号通知）。二〇二一年六月四日付「令和4年度大学入学者選抜実施要項について」（三文科高第二八四号通知）。独立行政法人・大学入試センター「令和3年度大学入学共通テストにおける受験上の配慮（概要）」「令和3年度大学入学共通テストにおける受験上の配慮事項等」。文部科学省「障害のある学生の修学支援に関する検討会（二〇一六年度）。

☞独立行政法人 日本学生支援機構ウェブサイト

「障がい者を締め出す社会は、弱く脆《もろ》い社会である」とは、障がい者の「完全参加と平等」を基調とした「国際障害者年」と「国連・障害者の十年」を通して、一貫して指摘されてきたことがらです。社会だけではありません。本書でみてきたように、障がい児を締め出す学校は、弱く脆い学校なのです。教育的統合を推し進めることを通じて、誰もがともに学び育ちあう学校に変革されていくのではないでしょうか。

神戸大学大学院人間発達環境学研究科では文部科学省の委託を受けて、「大学の資源を無理なく効果的に活用することで、言語によるコミュニケーションが可能な知的障害のある青年が、学ぶことの楽しさを感じ、自己理解や他者理解、人格を陶冶《とうや》するプログラムモデルの開発」をおこなう「学ぶ楽しみ発見プログラム」（ＫＵＰＩ、Kobe University Program for Inclusion）を二〇一九年度から始めました。私も一科目（「赤ちゃんの月齢をあてる眼力を身につけよう」）を担当する形でかかわらせていただきましたが、プログラムの副題「知的障害青年のための大学教育の創造」にあるように、知的障がいのある青年、ともに学ぶ一般学生、そして講義を担当するスタッフが協働して、まさに新しい学びを創っているという実感をもちました。

§参考情報　「学ぶ楽しみ発見プログラム」ウェブサイト☞

図23　大学入試センター試験における受験上の配慮

受験上の配慮事項一覧

【解答方法や試験時間に関する配慮】

①点字解答（試験時間を１．５倍に延長）
②文字解答（試験時間を１．３倍に延長 又は 延長なし）
③チェック解答（試験時間を１．３倍に延長 又は 延長なし）
④代筆解答（試験時間を１．３倍（科目によっては１．５倍）に延長 又は 延長なし）
⑤上記の他、マークシート解答においても試験時間を１．３倍に延長する場合があります。

【試験室や座席に関する配慮】

①１階又はエレベーターが利用可能な試験室で受験
②洋式トイレ又は障害者用（多目的）トイレに近い試験室で受験
③窓側の明るい座席を指定、座席を前列に指定、座席を試験室の出入口に近いところに指定
④別室の設定

【持参して使用するものに関する配慮】

①拡大鏡等の持参使用
②照明器具の持参使用
③補聴器又は人工内耳の装用（コードを含む）
④特製机・椅子の持参使用
⑤車いすの持参使用
⑥杖の持参使用

【その他の配慮】

①拡大文字問題冊子（１４ポイント・２２ポイント）の配布
②照明器具の試験場側での準備
③手話通訳士等の配置
④注意事項等の文書による伝達
⑤リスニングの免除
⑥リスニングにおける音声聴取の方法の変更
⑦試験場への乗用車での入構
⑧試験室入口までの付添者の同伴
⑨介助者の配置
⑩特製机・椅子の試験場側での準備
⑪「最後列」や「試験室正面に向かって左側」などの座席の指定、試験時間中の薬の服用、吸入器の持参使用、パソコンの利用など

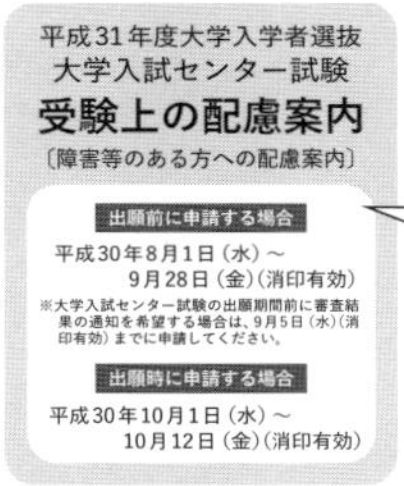

大学入試センターでは、
受験上の配慮に関する
事前相談を随時受付

※例年の配慮申請からセンター試験受験までのスケジュール

	配慮申請			受験出願
	事前申請の前半	事前申請の後半	出願に並行	
7月	↓	↓	↓	
	『配慮案内』配布開始			
8月	出願前申請	↓	↓	
9月	↓ 審査結果通知	出願前申請		『配慮案内』配布開始 ↓
10月	↓	↓	出願時申請 ↓	出願
11月		審査結果通知 ↓		↓
12月	決　定　通　知 ↓			受験票送付 ↓
1月	セ　ン　タ　ー　試　験			

※パソコンの利用や上に記載がない受験上の配慮事項を希望する場合は、事前に大学入試センターに相談してください。

出典　文部科学省「日本の特別支援教育の状況について　令和元年９月25日『新しい時代の特別支援教育の在り方に関する有識者会議』スライド93番をもとに作成

☞掲載ウェブサイト

Q 高等学校等就学支援や大学等修学支援の制度について教えてください。

A 高校授業料無償化（二〇一〇年度〜）は二〇一四年度から所得制限が導入されましたが、現在は授業料の負担軽減をおこなう高等学校等就学支援金（対象――年収約九一〇万円未満世帯。特別支援学校高等部を含む）と、他の教育費の負担軽減をおこなう高校生等奨学給付金（対象――生活保護受給世帯、非課税世帯。特別支援学校高等部は特別支援教育就学奨励費で対応）の二本立てになっています（文部科学省「学びたいキミを応援します。みんなに知ってほしい高校生へのふたつの支援」）。また、二〇二〇年度からは専攻科生への修学支援が始まりました（文部科学省「高校生等への修学支援」）。大学等に関しては、二〇二〇年度から大学等修学支援法によって授業料等の減免と奨学金の給付が始まっています（文部科学省「高等教育の修学支援新制度」）。

Q 「障害者受験特別措置」を受けたいのですが。

A 「障害者受験特別措置」は、大学などの高等教育機関での制度化が先行しています。大学などでは、「障害者受験特別措置」を受験者の個々人について判断するために、「事前協議制度」を設けています。まず大学入試センターや各大学などに照会し、申し出ることが肝要です。高等学校についても、「障害者受験特別措置」を制度としてはまだ設けていないところでも、申し出があれば、「事前協議」をおこなうとするところが少なくありません。早い時期からの折衝が必要でしょう。

あとがき――「権利保障ガイドブック」の復刊

本書は、『障害児の就学・進学ガイドブック』(青木書店、一九九五年)、その改訂版『障がいのある子の就学・進学ガイドブック』(同、二〇〇八年)の改訂新版です。初版から二七年、改訂版から一四年、絶版にもかかわらず、「活用しています」との連絡がいまもあります。権利としての就学猶予で成長を見極めて入学を迎えた方からは、通常校を経て特別支援学校で学んでいるその後の知らせが時々にあります。また、学校教育を終えて社会参加し、働きつつ趣味の活動を続けるご家族からは、個展開催や作品集発行の案内がきます。「豊かな連携」を築いて複数の目で育む小さな試みが各地で営まれています。こうした取り組みがさらに広がることを願って、ハンディな「権利保障ガイドブック」としてみたび、世に出すこととしました。基本の構成はそのままに、法制度の変化を盛り込んでリメイクし、若い方々にも見やすく使い勝手がよいように文字サイズを大きくし、要所にはＱＲコードを付けました。私のささやかな研究生活と人生経験の中でためてきた、権利保障の考えとノウハウをまとめた本書を、存分に活用くだされればと思います。

最後に、改訂新版として復刊を実現してくださった株式会社日本標準、並びに、少し堅苦しい行政文書や法令情報などがきちんと伝わる工夫やアイデアを共有しつつ、図表やＱ＆Ａ、参考文献・参考情報などの細部にわたり丁寧に編集を進めてくださった郷田栄樹さんに心より御礼を申し上げます。

二〇二二年早春　和歌山・紀の川の畔にて

渡部昭男

2004(01)	文部科学省「小・中学校におけるLD(学習障害)、ADHD(注意欠陥/多動性障害)、高機能自閉症の児童生徒への教育支援体制の整備のためのガイドライン(試案)」公表
(06)	障害者基本法一部改正(障害の有無をこえた「交流及び共同学習」による相互理解の促進)
(10)	医療的ケアに関する同名の通知「盲・聾・養護学校におけるたんの吸引等の取扱いについて」(厚生労働省医政局長通知、文部科学省初等中等教育局長通知)
(12)	発達障害者支援法公布(2005(04)施行)
2005(12)	中央教育審議会「特別支援教育を推進するための制度の在り方について(答申)」
2006(04)	学校教育法施行規則の一部改正(通級指導のLD等への拡大)
(04)	鳥取大学附属特別支援学校に専攻科開設
(12)	障害者権利条約採択[国連](合理的配慮・インクルーシブ教育など/2008発効)
(12)	教育基本法改定(障害者への「教育上必要な支援」を定めた4条2項を追記)
2007(04)	「特別支援教育」法制元年(特別支援学校・学級へ用語変更)、特別支援教育支援員の配置
2010(04)	高校無償化・就学支援スタート(高等部の授業料無償を含む/2020専攻科追加)
2011(04)	福祉事業型「専攻科」エコールKOBE開設
(08)	障害者基本法一部改正(本人・保護者の意向尊重、新しい概念「社会的障壁」の導入)
2012(07)	中央教育審議会「共生社会の形成に向けたインクルーシブ教育システムの構築のための特別支援教育の推進(報告)」(合理的配慮と基礎的環境整備の項を盛り込む)
2013(04)	障害者自立支援法を改めた障害者総合支援法スタート
(06)	障害を理由とする差別の解消の推進に関する法律(障害者差別解消法)制定(2016施行)
(06)	子どもの貧困対策の推進に関する法律制定(2014(01)施行)
(09)	認定特別支援学校就学者の仕組みに変えるための学校教育法施行令の一部改正
2014(01)	障害者権利条約批准((02)発効)、(03)糸賀一雄生誕百年記念事業[滋賀県・鳥取県]
2015(12)	中央教育審議会「チームとしての学校の在り方と今後の改善方策について(答申)」
2016(12)	不登校児への多様な教育機会の確保、夜間中学の増設を含む義務教育機会確保法公布
2018(03)	家庭と教育と福祉の連携「トライアングル」プロジェクト報告
(04)	高等学校における通級指導の制度化
2019(秋)	KUPI(Kobe University Program for Inclusion)神戸大学 学ぶ楽しみ発見プログラム開設
(10)	幼児教育・保育の無償化スタート(0~2歳児:住民税非課税世帯無償、3~5歳児:無償)
(10)	文部科学省「不登校児童生徒への支援の在り方について(通知)」
2020(04)	大学等修学支援法スタート、GIGAスクール構想による「一人一台端末」の整備(特別支援学校を含む)、新しい学習指導要領スタート(小2020~、中2021~、高2022~)
2021(01)	新しい時代の特別支援教育の在り方に関する有識者会議 報告
(09)	医療的ケア児及びその家族に対する支援に関する法律施行、特別支援学校設置基準公布
2022(09)	国際人権A規約13条に係る留保撤回による漸進的無償化の国際公約10周年

特別ニーズ教育に係る略年表

1946（11）	日本国憲法公布（26条「その能力に応じて、ひとしく教育を受ける権利」／1947（05）施行）
（11）	近江学園創設（糸賀一雄・田村一二・池田太郎）
1947（03）	教育基本法公布施行（3条「ひとしく、その能力に応ずる教育を受ける機会」）
（04）	学校教育法施行（第6章特殊教育）
（12）	児童福祉法公布（1条「ひとしくその生活を保障され、愛護されなければならない」）
1948（04）	盲・聾学校教育の義務化（学年進行により1956年度に完成）
1951（05）	児童憲章制定（11項「適切な治療と教育と保護が与えられる」）
1959（11）	児童権利宣言採択［国連］（5条「特別の治療、教育及び保護」の保障）
1961（01）	『近江学園年報』9号が「発達保障」の考え方を提起
1968（02）	糸賀一雄『福祉の思想』日本放送出版協会（（09）講演中に倒れ逝去［1914-享年54］）
1969（04）	神戸大学附属養護学校開校、京都府立与謝の海養護学校仮開校（2019「50周年」）
1973（11）	養護学校教育の義務化予告政令
1975（12）	障害者権利宣言採択［国連］（日本政府は採択した12月9日を「障害者の日」に指定）
1979（04）	養護学校教育の義務化（訪問教育の制度化を含む）
1981	国際障害者年［国連］（障害者の十年1983-92、アジア太平洋障害者の十年1993-2002）
1989（11）	児童権利条約採択［国連］（「障害」による差別禁止、「特別なケアへの権利」など）
1993（04）	「通級による指導（通級指導）」の制度化（通常学級で学びながらの特別支援開始）
1994（04）	児童権利条約を日本が批准（（05）発効）
（06）	特別なニーズ教育に関する世界会議（ユネスコ・スペイン共催）「サラマンカ宣言」
1999（07）	「学習障害児に対する指導について（報告）」「学習障害の判断・実態把握基準（試案）」
2000（04）	地方分権一括法施行（地方分権の推進、自治事務の拡大と旧通達等の失効）
（04）	高等部における訪問教育の制度化（高等部希望者全員進学の実現）
2001（01）	省庁再編により文部科学省誕生／「特別支援教育課」設置
（05）	WHO（世界保健機構）が1980年ICIDHに代わるICF（国際生活機能分類）を採択
2002（04）	学校週5日制の完全実施（1992年9月～週1回、1995年4月～週2回）
（04）	学校教育法施行令の一部改正（障害の程度を改定、認定就学制度を導入）
（10）	文部科学省「通常の学級に在籍する特別な教育的支援を必要とする児童生徒に関する全国実態調査」の一部公表（通常学級の児童生徒の約6.3%が発達障害と推定）
（12）	障害者基本計画閣議決定（一貫した相談支援体制の整備、個別の支援計画の策定を含む）
2003（03）	特別支援教育の在り方に関する調査研究協力者会議「今後の特別支援教育の在り方について（最終報告）」（校内委員会設置、コーディネーター指名など校内体制整備を明記）

国際法・ほか

通知・答申・報告・ほか

法令索引

※条文の見出しは、法令に固有のものは(　)で示し、その他は『解説教育六法』(三省堂)などを参考に[　]で示した。

な・は行

ま・や・ら・わ行

さ行

た行

事項索引

［著者紹介］

渡部昭男（わたなべ あきお）

1954年、愛媛県生まれ。京都大学大学院博士課程1982年修了。
大阪成蹊大学特別招聘教授。鳥取大学名誉教授、神戸大学大学院人間発達環境学研究科名誉客員教授。鳥取大学附属養護学校、神戸大学附属特別支援学校にて校長を務める。専門は、特別ニーズ教育・教育行政学。
中等教育および高等教育の漸進的無償化立法を求める会事務局長、人間発達研究所副所長。日本教育学会理事、日本教育行政学会元理事、日本特別ニーズ教育学会元代表理事。

【受賞歴】

2010年『格差問題と「教育の機会均等」』（日本標準ブックレットNo.3、2006年）で大学評価学会第１回田中昌人記念学会賞受賞。

【主な著書】

『市民と創る教育改革』（編著、日本標準、2006年）、『障がい青年の自分づくり』（日本標準、2009年）、『能力・貧困から必要・幸福追求へ』（日本標準ブックレットNo.21、2019年）、『「自分づくり」を支援する学校』（編著、明治図書、2005年）、『日本型インクルーシブ教育システムへの道』（編著、三学出版、2012年）、『福祉事業型「専攻科」エコールKOBEの挑戦』（共著、クリエイツかもがわ、2013年）、『糸賀一雄研究の新展開　ひとと生まれて人間となる』（編著、三学出版、2021年）など多数。

改訂新版　**障がいのある子の就学・進学ガイドブック**

2022年３月30日　第１刷発行
2024年２月15日　第３刷発行

著　者――――渡部昭男
発行者――――河野晋三
発行所――――株式会社 日本標準
〒350-1221　埼玉県日高市下大谷沢91-5
電話　04-2935-4671
FAX　050-3737-8750
URL　https://www.nipponhyojun.co.jp/
印刷・製本――株式会社 リーブルテック

　　ISBN 978-4-8208-0721-6